III\ 见识城邦

更新知识地图　拓展认知边界

讲给大家的中国历史

—07—

新帝国的试验

杨 照－著

中信出版集团 | 北京

图书在版编目（CIP）数据

讲给大家的中国历史. 7, 新帝国的试验 / 杨照著
. -- 北京 : 中信出版社, 2020.6（2024.7重印）
ISBN 978-7-5217-1667-2

Ⅰ. ①讲… Ⅱ. ①杨… Ⅲ. ①中国历史－通俗读物
Ⅳ. ①K209

中国版本图书馆CIP数据核字(2020)第038177号

本书仅限中国大陆地区发行销售

讲给大家的中国历史07：新帝国的试验

著　　者：杨　照
出版发行：中信出版集团股份有限公司
（北京市朝阳区东三环北路27号嘉铭中心　邮编　100020）
承 印 者：北京通州皇家印刷厂

开　　本：880mm×1230mm　1/32　　印　　张：11.25　　字　　数：220千字
版　　次：2020年6月第1版　　印　　次：2024年7月第8次印刷
书　　号：ISBN 978-7-5217-1667-2
定　　价：48.00元

目录

第二讲　隋朝的积极作为与覆亡

第三讲　初唐、盛唐、中唐、晚唐

第四讲　唐人的人文世界

第五讲　重读唐诗（一）

第六讲　重读唐诗（二）

第八讲　从门第到科举

第九讲　跃动的复古精神

第十讲 藩镇的历史影响

总　　序

重新认识中国历史

01

钱穆（宾四）先生自学出身，没有学历，没有师承，很长一段时间在小学教书，然而他认真阅读并整理了古书中几乎所有春秋、战国时期的相关史料，写成了《先秦诸子系年》一书。钱穆之所以写这样一本考据大书，很重要的刺激来自名噪一时的《古史辨》。钱穆认为，以顾颉刚为首的这群学者“疑古太过”，戴着先入为主的有色眼镜看中国古代史料，处处寻觅伪造作假的痕迹，没有平心静气、尽量客观地做好查考比对文献的基本功夫。功夫中的功夫、基本中的基本，是弄清楚这些被他们拿来“疑古辨伪”的材料究竟形成于什么时代。他们不愿做、不能做，以至于许多推论必定流于意气、草率，于是钱穆便以一己之力从根做起，竟然达成将大部分史料精确排比到可以“编年”的成就。

很明显，《先秦诸子系年》的成就直接打击了《古史辨》的可信度。当时任职燕京大学，在中国学术界意气风发、引领风骚的顾颉刚读了《先秦诸子系年》，也立刻理解了钱穆的用意。他的反应是什么？他立刻推荐钱穆到广州中山大学教书，还邀请钱穆为《燕京学报》写稿。中山大学钱穆没有去，倒是替《燕京学报》写了《刘向歆父子年谱》，钱穆说：“此文不啻特与颉刚诤议，颉刚不介意，既刊余文，又特推荐余在燕京任教。”

这是个“民国传奇”。里面牵涉那个时代学者对于知识学问的热情执着，也牵涉那个时代学者的真正风范，还牵涉那个时代学院重视学识高于重视学历的开放氛围。没有学历的钱穆在那样的环境中，单靠学问折服了潜在的论敌，得以进入当时的最高学府任教。

这个传奇还有后续。钱穆后来从燕京大学转往北大。“中国通史”是当时政府规定的大学历史系必修课，北大历史系惯常的做法，是让系里每个老师轮流排课，将自己擅长的时代或领域浓缩在几堂课中教授，用这种方式来构成“中国通史”课程。换句话说，大家理所当然地认为“中国通史”就是由古至今不同断代的中国历史接续起来的，顶多再加上一些跨时代的专史。

可是，被派去教授“中国通史”课秦汉一段历史的钱穆，不同意这个做法。他公开对学生表达了质疑：不知道前面的老师说了什么，也不知道后面的老师要说什么，每个老师来给学生片断的知识，怎么可能让学生贯通地理解中国历史？学生被钱穆说服了，也是那个时代的精神。学生认为既然不合理就该要求改，系里也同意既然批评、反对得有道理就该改。

怎么改？那就将“中国通史”整合起来，上学期由钱穆教，下学期则由系里的中古史大学者陈寅恪教。这样很好吧？问了钱穆，钱穆却说不好，而且明白表示，他希望自己一个人教，而且有把握可以自己一个人教。

这是何等狂傲的态度？本来只是个小学教员，靠顾颉刚提拔才破格到北大历史系任职的钱穆，竟然敢排挤数不清精通多少种语言、已经是中古史权威的大学者陈寅恪，自己一个人独揽教“中国通史”的工作。他凭什么？他有资格吗？

至少那个年代的北大历史系觉得钱穆有资格，依从他的意思，让他自己一个人教“中国通史”。钱穆累积了在北大教“中国通史”的经验，后来在抗战中随西南联大避居昆明时，埋首写出了经典史著《国史大纲》。

02

由《国史大纲》的内容及写法回推，我们可以明白钱穆坚持一个人教“中国通史”，以及北大历史系让他教的理由。那不是他狂傲，而是他对于什么是“通史”提出了当时系里其他人没想到的深刻认识。

用原来的方式教的，是“简化版中国历史”，不是“中国通史”。“中国通史”的关键，当然是在“通”字，而这个“通”字显然来自太史公司马迁的“通古今之变”。司马迁的《史记》包纳了两千多年，如此漫长的时间中发生过那么多的事，对于一个史家最大的挑战，不在于如何收集两千多年来留下来的种种资料，而在于如何从庞大的资料中进行有意义的选择，从中选择什么，又放弃什么。

关键在于“有意义”。只是将所有材料排比出来，呈现的势必是偶然的混乱。许多发生过的事，不巧没有留下记录；留下记录可供后世了解的，往往琐碎零散。更重要的是，这些偶然记录下来的人与事，彼此之间有什么关联呢？如果记录是偶然的，人与人、事与事之间也没有什么关联，那为什么要知道过去发生了什么？

史家的根本职责就在于有意识地进行选择，并且排比、串联所选择的史料。最简单、最基本的串联是因果解释，从过去发生的事情中去挖掘、去探索“因为／所以”：前面有了这样的现象，以至于后来有了那样的发展；前面做了这样的决定，以至于后来有了那样的结果。排出“因为／所以”来，历史就不再是一堆混乱的现象与事件，人们阅读历史也就能够借此理解时间变化的法则，学习自然或人事因果的规律。

“通古今之变”，就是要从规模上将历史的因果解释放到最大。之所以需要像《史记》那样从文明初始写到当今现实，是因为这是人类经验的最大值，也就提供了从过往经验中寻找出意义与智慧的最大可能性。我们能从古往今来的漫长时间中找出什么贯通原则或普遍主题呢？或者通过消化漫长时间中的种种记录，我们如何回答那些只有放在历史长河里才能回答的关键问题呢？

这是司马迁最早提出的“通古今之变”理想，应该也是钱穆先生坚持一个人从头到尾教“中国通史”的根本精神价值来源。“通史”之“通”在于建立一个有意义的观点，帮助学生、读者从中国历史中看出一些特殊的贯通变化。这是众多可能观点中的一个，借由历史的叙述与分析能够尽量表达清楚，因而也必然是“一家之言”。不一样的人研究历史会看到、突显不同的重点，提出不同的解释。如果是不同时代、不同主题就换不同人从不同观点来讲，那么追求一贯“通古今之变”的理想与精神就无处着落了。

03

这也是我明显不自量力一个人讲述、写作一部中国历史的勇气来源。我要说的，是我所见到的中国历史，从接近无穷多的历史材料中，有意识、有原则地选择出其中一部分，讲述如何认识中国历史的一个故事。我说的，只是众多中国历史可能说法中的一个，有我如此述说、如此建立“通古今之变”因果模式的道理。

一言以蔽之，这个道理是“重新认识”。通过学校教育、普遍阅读或大众传媒，一些读者对中国历史有了一些基本常识和刻板印象。我试图做的，是邀请这样的读者来“重新认识”中国历史，来检验一下你以为的中国历史和事实史料及史学研究所呈现的，有多大的差距。

在选择中国历史叙述重点时，我会优先考虑那些史料或史学研究上扎实可信，却和一般常识、刻板印象不相合甚至相违背的部分。这个立场所根据的，是过去百年来，“新史学”、西方史学诸方法被引进并运用到研究中国历史中所累积的丰富成果。但很奇怪也很不幸的是，这些精彩、有趣、突破性的历史知识与看法，却迟迟没有进入教育体系，没有进入一般人的历史常识中，以至于21世纪的大部分人对中国历史的认识，竟然还依循一百多年前流通的传统说法。“重新认识”的一个目的，就是用这些新发现、新研究成果修正、挑战、取代传统旧说法。

“重新认识”的另一个目的，是回到“为什么学历史”的态度问题上，提供不同的思考。学历史到底在学什么？是学一大堆人名、地名、年代，背诵下来用于考试时答题？这样的历史知识一来在互联网上随时都能查到，二来和我们的现实生活有什么关联？还是学用现代想法改编的古装历史故事、历史戏剧？这样的历史，固然有现实联结，方便我们投射感情入戏，然而对于我们了解过去、体会不同时代的特殊性，有什么帮助呢？

在这套书中，我的一贯信念是学历史最重要的不是学What——历史上发生了什么，而是要探究How和Why——去了解这些事是如何发生的，为什么会发生。没有What当然无从解释How和Why，历史不可能离开事实叙述而只存在理论，然而历史也不可以、不应该只停留在事实叙述上。只叙述事实，不解释如何与为什么，无论将事实说得多么生动，也无助于我们从历史认识人的行为多样性以及个体或集体行为逻辑。

借由述说漫长的中国历史，借由同时探究历史中的如何与为什么，我希望一方面能帮助读者梳理、思考当下的文明、社会是如何形成的，一方面能让读者确切感受到中国文明内在的多元样貌。在时间之流里，中国绝对不是单一不变的，中国人、中国社会、中国文明曾经有过太多不一样的面貌。这些历史上曾经存在的种种面貌，加起来才是中国。在没有如实认识中国历史的丰富变化之前，先别将任何关于中国的看法及说法视为理所当然。

04

这是一套一边说中国历史，一边解释历史知识如何可能的书。我的用心是希望读者不要只是被动地接受这些信息，将其当作斩钉截铁的事实，而是能够在阅读中去好奇、去思考：我们怎么能知道过去发生了什么，又如何去评断该相信什么、怀疑什么？历史知识的来历常常和历史本身同样曲折复杂，甚至更加曲折复杂。

这套书一共分成 13 册，能够成书的最主要原因是台湾“敏隆讲堂”和“趋势讲堂”让我两度完整地讲授中国通史课程，每一次课程前后横跨五个年头。换句话说，从 2007 年第一讲算起，我花了超过十年的时间。在十年备课及授课过程中，我的大部分时间都用于消化关于中国历史的研究的各种论文及专著，并努力吸收这些研究的发现与论点，尽量有机地编组进我的历史叙述与讨论中。明白地说，我将自己的角色设定为一个勤劳、忠实、不轻信、不妥协的二手研究整合者，而不是进入原始材料提出独特成果的人。只有放弃自己的原创研究冲动，虚心地站在前辈及同辈学者的庞大学术基础上，才有可能处理中国通史题材，才能找出一点点“通”的心得。

这套书有将近两百万字的篇幅，时间范围涵盖从新石器时代到辛亥革命。这样一套书，一定不可避免地夹杂了许多错误。我只能期望将单纯知识事实上的“硬伤”降到最低，至于论理与解释带有疑义的部分就当作“抛砖引玉”，请专家读者不吝提出指正意见，得以将中国历史的认识推到更广且更深的境界。

第一讲

隋朝统一的基础

01

隋唐：具有强烈分裂性格的统合时期

中古时期的中国，有着强烈的分裂倾向，尽管在这段时期出现了隋唐帝国，然而如果和大汉帝国前后四百年的统一相比，隋唐真正维持统一的时间要短得多。隋代在 589 年灭了南朝陈，正式统一，但没有多久又陷入了隋末战乱，才再由李家建立唐朝，重新统一。然后到 755 年发生了“安史之乱”，这个乱局后来只能靠着实质分裂的藩镇割据来收拾，维持帝国表面的稳定秩序，中唐、晚唐已经不是大汉帝国式的统一了，更不用说后来“五代十国”的那种大分裂、大混乱。

中古社会一个强烈的特色是在帝国和人民之间存在着强大的中间阶层。最常见的中间阶层力量来自世家大族。唐朝建立后，中央朝廷的控制增强了，加上“均田制”“府兵制”的建立，世家大族的影响确实削弱了，但这时候仍然有寺院以宗教和经济双重的实力，隐隐然和朝廷争夺对于人民的控制权。促使唐武宗进行“灭佛”的动机，从寺院那里夺回对人民的控制力，和宗教信仰的冲突同等重要，甚至更加重要。

到了中、晚唐，军事藩镇兴起，除了在政治上、地理上制造了新的分裂，对社会也产生了新的分裂，再度阻绝朝廷有效地直接统治人民。因而整个中古时期，从三国开始，一直到五代结束，中国历史的主要状况，其实是分裂而不是统一。

从更长远的中国历史来看，中古夹在中间，是个异数。上古、古代，以及取代中古的近世，中国都是具备统一精神、呈现统一状态的。而从比较窄一点的眼光，只看中古史的话，那么在长期分裂中，隋唐帝国的统一又是这段历史的异数、例外。这是具有强烈分裂性格的统合时期。

02

必须由北朝追溯隋唐由来

过去传统历史观中，最被视为理所当然的是“正统朝代”。“正统朝代”观念建立了一套单一传承的系谱，这套系谱上列的是“夏商周秦汉魏晋宋齐梁陈隋唐”，对于分裂的南北朝，是将南朝视为“正统”的。隋唐紧接在宋齐梁陈之后。如此走下来，在解释历史时制造了一个巨大的困扰，那就是忽略甚至扭曲了隋唐的来历。杨家建立的隋代、李家建立的唐代，其根据地都是北方而不是南方，他们的武力与权力不是继承南朝的，而是来自北朝，在北方崛起之后才兴兵南下，灭亡了南朝。如果照原来的系谱看，我们是无法从南朝历史中追索理解隋唐的。

建立隋唐这两个朝代的势力，都来自北周，要从北朝的历史中才能弄清楚这两个朝代是怎么来的，以及他们用什么方式取得政权、建立了什么样的朝廷。例如隋朝这个“隋”字，我们小时候读书考试常常被提醒不要写错，是“隋”而不是“随”，但为什么有这个朝代、这个字呢？那就得回到北周的历史来查考。

隋文帝杨坚的父亲是杨忠，在北周时被封为“随国公”，是那个常见的“随”，而不是“隋”。杨坚篡夺了北周，要建立新朝代，很自然就选择了原有的封号“随”，可是这个字里有一个辵部（俗称“走之旁”）在中间，辵部的原意，就是走，杨坚觉得不太吉利，要走、要离开，去哪里？建立的新朝代最好是长长远远，不要变动，不要被取代，所以就决定将“随”改成了“隋”。

清代考据学发展到“考史”的阶段，这个“隋”字还曾经一度成为焦点，学者们找到了一些文献或碑文的资料，用的不是“隋”而是“随”，从而提出了假设，认为“隋”字是唐朝人传抄时写错了，后来以讹传讹的。不过到了民国时期，经过岑仲勉等人更仔细的检验，确认了应该是朝代建立时就决定创造了这个少见的“隋”字为名。

明明朝代叫作“隋”，为什么唐朝还有许多写成“随”的记录？岑仲勉的解释是唐人知道杨坚创“隋”字的用意，既然“隋”没有维持几年就灭亡了，表示这个朝代还真是坐不稳政权位子，早早就上路离开了，所以就带着嘲弄的意味帮他们把辵部给补了回去。

另外一种可能更符合事实的解释，则必须先弄清楚隋朝杨家和唐朝李家在北周的关系。在这两家建立前后相续的朝代之前，他们是一起在北周带兵当官的。很像是少年时代就认识的朋友，其中一个虽然后来改了名，但老朋友总是习惯仍以旧名相称。唐代留下的“随”旧字来自记得杨家是北周的“随国公”，也就提示了这两家在北周曾经并肩发展的过去。

追索隋唐的来历，就要从北周上溯到宇文泰的西魏。经过了“六镇之乱”，北魏分裂为东魏和西魏，名义上的皇帝还是元氏家的，但东魏实权掌握在高欢手中，西魏的实质统治者则是宇文泰。宇文泰掌控的西魏，在当时的南北政权中，是最小、最弱，而且形势最不利的一个。在西边有突厥威胁，东边紧邻东魏，东魏的人口与资源远远多过西魏。在它的南边还有南朝，即梁朝和后来的陈朝，尤其是梁朝在梁武帝时代，不断发动北伐。

然而正是为了应付这样的不利局势，西魏发展出一套方法，后来的隋唐就是靠这套方法才得以统一中国的。

03

西魏和东魏实力悬殊

东魏和西魏都源自“六镇”。原本留在北方的鲜卑人因为地位不断下降，待遇愈来愈差，加上柔然的侵扰攻击，终于无法继续留在边境，往南迁徙后，一部分人由高欢统领，另一部分人则跟随宇文泰。

北魏分裂之后，东魏和西魏的实力并不对等，光是从地理条件看，西魏就不如东魏。由宇文泰率领的这批鲜卑人，远离了鲜卑起源的根据地，进入关陇地区，在这里鲜卑不只是少数，而且很不容易得到鲜卑人的补充支援。关陇的面积、资源不如东魏所占据的山东区域，差别更大的是鲜卑起源的根据地在东魏领土中，相对地，西魏就被和其他鲜卑人隔离开了。战争中，尤其是和东魏的战争，兵力补充条件就有很大的落差。

单纯看现实条件，特别是直接和军事武力相关的条件，很显然，东魏要击败西魏甚至吞并西魏的胜算要高得多。不过，实际的历史过程中，有许多不是由单纯现实条件来决定的其他因素，改变了原先的估计。

东魏这边，高欢是胡化的汉人，汉人血统对于他在山东地区崛起有一定的帮助，带领六镇民兵时，他特别用心调和胡汉关系，将对于定居汉人地区的伤害尽量降到最低，同时也就缓和了胡汉之间的敌意与不信任。不过这种情况，到了他建立东魏政权后，却维持不下去了，他无法再有效地约束鲜卑贵族。

《北齐书·杜弼传》中有一段记录值得注意。杜弼向高欢建议“先除内贼，却讨外寇”，就是先处理好朝廷内部矛盾，才能集中力量对付外面的西魏或南朝。高欢就问杜弼：“你所谓的内贼是谁呢？”杜弼的回答是：“诸勋贵掠夺万民者皆是。”“内贼”就是高欢身边那些有地位有权势的人，这些人持续在剥削、掠夺平民百姓。

听到杜弼这样明白地将“诸勋贵”视为内贼，史书中记载高欢的反应是：

高祖然后喻之曰：“……诸勋人身触锋刃，百死一生，纵其贪鄙，所取处大，不可同之循常例也。”

他劝告杜弼要弄清楚：杜弼讨厌的这些“勋贵”是和他一起打仗，在战斗中冒过生命危险的。他们能活下来不容易，有过这种经历才得到这种地位，就算贪一点、坏一点，这里跟人家敲诈一点，那里偷人家一点，和他们对政权的贡献比，所求都不算多。不能拿一般欺压百姓的标准来衡量他们，应该多一点宽容。

这就是高欢的基本态度。他和这些从“六镇”流亡出来的军人有一起出生入死的特殊情感，建立东魏后就对他们特别宽容。这些人绝大部分是鲜卑人，而且是在汉化后受到歧视的鲜卑人，因此才会愤而举兵南下。高欢要照顾他们的感受，在新政权中给予他们尊严，重视他们，无疑是合理的。

04

《颜氏家训》中记载的胡汉女性

高欢没有接受杜弼建议去压抑管制这些鲜卑“勋贵”，而是采取了很不一样的策略，以建立新的“二元结构”来处理这个问题。他刻意让国境内形成南北两个中心，北边是晋阳，南边是邺，他自己坐镇晋阳，将邺交给儿子高澄管理。高澄在邺尽量重用汉人，高欢在晋阳就相对重用鲜卑人，甚至纵容鲜卑人。从设计上看，这是很高明的“二元制”，要拉拢汉人可以强调邺是国都；要平抚鲜卑人就强调代表权力中心的高欢在晋阳。两边都很重要，邺作为和汉族世家大姓合作的中心，晋阳则作为让鲜卑贵族得以发泄长期不满的中心。

不过在实践上，这种“二元制”并不好维持。关键就在于邺不仅名义上是国都，而且处于比较富庶繁荣的地区，比晋阳大，生活享受也高于晋阳。这些鲜卑贵族不会满足于在晋阳所得到的地位与利益，很难长期阻止他们向往邺。

“二元制”有赖高欢坐镇晋阳，才能让晋阳看起来和邺是平等的。高欢去世后，这个平衡条件就消失了。而且不只如此，高欢拟定的拉拢汉人政策也留下了严重的后遗症。

高欢死后，主要权力由高澄继承，高澄死后，再传给同母弟弟高洋。在高洋手中正式推翻了名义上的元氏皇帝，东魏消失了，由北齐取而代之。高洋去世前，留下遗诏，安排由汉人杨愔辅佐少主高殷。高殷的母亲姓李，是汉人，来自世家大姓，再加上要由杨愔实质掌政，就刺激了鲜卑人的高度失落感与危机感，于是由当时的太皇太后、高欢的原配妻子娄氏，和娄氏所生的另一个儿子高演联手发动政变，诛杀杨愔，废黜高殷，改由高演做皇帝。

这件事凸显了汉人与鲜卑人之间长期存在的矛盾并没有解决，同时也凸显了从北魏孝文帝开始想要借由联姻的方式来促进胡汉融合，有其难以处理的基本问题。

关键在于北方胡族的女性性格与角色，与汉人大不相同。颜之推在《颜氏家训》中对此曾有过观察记录。颜之推的经历很特别，用他自己的话说，他是个“三度王国”的人，原本是南朝梁的人，逃亡到北齐，后来北齐亡了，又成了北周的人，最后还目睹了北周被隋朝取代。

颜之推说：

> 江东妇女，略无交游，其婚姻之家，或十数年间，未相识者，

惟以信命赠遗，致殷勤焉。邺下风俗，专以妇持门户，争讼曲直，造请逢迎，车乘填街衢，绮罗盈府寺，代子求官，为夫诉屈。此乃恒、代之遗风乎？

在南方，妇女是没有公共生活的，主要在家中主持家务而已。就连女性婚姻亲家之间，都可以十几年不认识不来往。结成婚姻的过程中只是书信和物件往来交换，向对方问好打招呼，如此而已。搬迁到北方邺，看到的可就不是这样。这里太太们很厉害的，她们不只管门内，也管门外社交，还管和别人之间的争执吵架。穿得漂亮体面，坐着车到处都去，帮儿子求官，帮丈夫申冤，都是太太的事。这种女人强悍管事的风习，显然不是来自汉人的文化，应该是鲜卑人从北方带过来的吧！

汉人的女性在公共事务上绝对争不过鲜卑人的太太，这是北朝“宫斗”增加出来的民族文化差异层面。

05

胡汉冲突使北齐国力大减

《颜氏家训》中另外还有一段记录：

齐朝有一士大夫，尝谓吾曰："我有一儿，年已十七，颇晓书疏，教其鲜卑语及弹琵琶，稍欲通解，以此伏事公卿，无不宠爱，亦要事也。"吾时俯而不答。异哉，此人之教子也！若由此业自致卿相，亦不愿汝曹为之。

到了北齐，遇见了一个做官的汉人，曾经如此描述自己的儿子，17岁，念过书，而且懂一点公文，于是就特别教他学鲜卑话，还要学弹胡人的乐器琵琶，有了这样的能力，可以得到鲜卑贵族的宠爱，在儿子的人生发展上，是重要的事。当然，颜之推听了很不以为然，当下低头没说什么，自己在心底嘀咕，这个人教小孩的方法太奇怪了！就算用这种方式可以让你们飞黄腾达，我也绝对不愿意你们做！

这段记录反映的是“六镇”势力南下之后必定会带来的冲击，那就是逆转了孝文帝的汉化政策，转而在政治现实威胁利诱下，出现了“汉人鲜卑化”的现象。从南方来的颜之推当然不以为然，但他没有也不能大声抗辩，显示了“鲜卑化”是当时的潮流。

从“鲜卑人汉化”到“汉人鲜卑化”，这个过程必然制造了愈来愈严重的紧张。

571 年，先是汉人冯子琮怂恿年少的琅邪王高俨杀了在朝中握有大权，且最瞧不起汉人的和士开，之后鲜卑贵族中的大佬斛律光又怂恿当时的皇帝高纬绞杀了冯子琮，之后汉人祖珽又谋划让皇帝杀了斛律光，之后鲜卑贵族的另一位大佬穆提婆又运作将祖珽等人隔绝在朝廷之外……

这样的连锁戏剧性变化，核心的起因就是胡汉冲突，那是北齐政治上最麻烦、最难解决的问题，直接造成了北齐国力快速衰落。

06

“邙山之役”后西魏和东魏最主要的分别是什么?

同一段时间，西魏到北周这边呢？出身武川镇的宇文泰将一群流亡军士带到了关陇地区，那不是什么太好的选择，和原本鲜卑人的区域隔绝开来，马上就面临了兵源不足的困扰。相较之下，对手东魏的兵力要充裕多了。

在西魏与东魏的对峙冲突中，有一场关键的战役，是543年的邙山之役,《北周书》上有简单的记录：“邙山之役，……广募关陇豪右，以增军旅。”短短几个字，但在历史变化上却再重要不过了。

邙山之役西魏大败，光是在这场战役中，依照史书记载，西魏就损失了6万军士，而当时西魏能动员的所有兵力，也不过10万左右。这样的大规模战败，已经影响到西魏的存亡了。没有新的兵源可以动员补充的情况下，东魏必然大举犯境，乘机扩大战果，西魏要如何因应？

此时宇文泰做了一个关键的决定，那就是去寻求“关陇豪右”的协助。“关陇豪右”是谁？就是汉人世族。宇文泰去找了这些世家大族，请他们帮忙招募军队，当然一来如此招进来的军人大部分是汉人，二来他也就必须将西魏的权力大幅让渡给这些出手解围的汉人。换句话说，宇文泰在两害相权取其轻的考虑下，冒险决定和汉人分享军权。

到这场543年的邙山之役前，西魏的军队主要来自“六镇”的鲜卑人，在此之后则有大量的汉人加入军队中。而且这些军人的来源不是通过抓兵或暴力胁迫，而是通过世家大族，由他们出面招募。汉人用这种方式集体进入西魏的军事与政治体制中，宇文泰也就一定要对自己领导的军事与政治体制进行快速而大幅的调整，才能因应这样的变化。

宇文泰是个够聪明、能进行细腻思考的领导人，精明地渡过了这个难关，在此过程中诞生了一套办法，这套办法既是西魏和东魏最主要的区分，也是后来新帝国得以运作的原型基础。

在东魏这边，军事制度上一直都带着“六镇余绪”的本质，除了部落、八部、宗长这些来自鲜卑传统的做法之外，没有太多的新设计。相对地，西魏这边却是在543年之后，迅速进行了调整，实质上重建了一支新的军队，这支军队不只补充了新的兵力，而且有了不一样的制度，也有了不一样的战法。

07

西魏军队里看不出是汉人还是鲜卑人

原本鲜卑军事制度的核心是八部八姓，延续八部八姓的架构，宇文泰这支新军队也有最高阶层的“八柱国”。不过领有八柱国头衔的人，有两个是不领兵的，一个是宇文泰自己，实质的统治者；另一个是鲜卑人中政治地位最高的“相国”，也就是宇文泰的政治副手。因而虽然称为“八柱国”，真正统兵的是六个人，军队也就分成六个大队。

在六柱国之下，有十二将军，每位将军负责两个“开府”，所以有二十四个“开府”。每个“开府”底下有两个“仪同”，所以一共是四十八个“仪同”。每个“仪同”大概包括1000 人的军队，这支部队的总规模也就在 5 万人左右。

如此，用严谨的数字给予军队新的、明确的层级架构。更重要地，这个架构的核心是处于中间的“开府”。“开府”底下分成两个“仪同”，不过一个“开府”所统率的大约 2000 兵力又特别称为一个“军”，带领的人称为“宗长”。“宗长”来自鲜卑族的传统称号，意思很明白，表示这是一个部落的首领，是部落长，具备了亲族关系与军事关系的双重领导身份，既是族长，也是指挥官。

宇文泰在设计这套兵制时，一方面小心地保留了表面的鲜卑传统，另一方面却又将名称底下的实质内容替换掉了。首先被换掉的，是原本鲜卑军队组织中的宗族关系。虽然保留了“宗长”这个名称，但现在一个“开府”的军队和其领导者不再有宗族亲属关系了。甚至可以说，正因为刻意保留了“宗长”的名称，所以可以大刀阔斧地将本来源自松散部落组织的军队改造为层次井然的新编制。

其次被换掉的，是让汉人大批进入维持鲜卑称号的军队里，从十二将军甚至到六柱国都有了汉人。可是因为维持了鲜卑式的称号，让鲜卑人不会那么强烈感觉到丧失了自己的军队与指挥权。

“开府”其实是宇文泰争取关陇豪右联盟的重要手段。一个“开府”就是招募军队的一个中心，“宗长”实质上就是招募了一支军队去加盟宇文泰所取得的地位。宇文泰欢迎甚至争取汉人带着自己招募来的军队加入，但为了确保这些军队效忠，也为了泯除汉人军队和原有鲜卑人之间的冲突，他坚持了一个不能商量、不能退让的条件。

这个条件是“赐姓”，也就是进到这个系统里带兵的汉人都要改姓鲜卑姓，从姓名上看和原来的鲜卑将领没有差别。这显然是逆反北魏孝文帝要鲜卑人改汉姓的做法。要推动这项政策，宇文泰是有准备的，也就是除了这项不能商量之外，汉人要来加盟的其他条件都可以商量，他摆出了交换的态度，而不是采用高压强迫的姿态。放弃汉姓改胡姓，能交换到的最重要的权力，就是参与政治与军事的领导，得到更稳固的政治与军事安全保护。

这样的安排显然有效，许多关陇大姓接受了这样的交换条件，进入宇文泰的军队里。像李虎，就赐姓大野；李弼，赐姓徒河；赵贵，赐姓乙佛；杨忠，赐姓埔六茹，等等。

如此一来，在军队的领导层就不容易看出是鲜卑人还是汉人，大有助于缓和鲜卑人的反弹，减少源于种族的部队内部冲突。汉人得到了可以在西魏、北周的架构里建立并带领自己的军队的权力，鲜卑人得到了让汉人改姓归服的象征尊严。里子、面子各有所得，也各取所需。

08

关陇集团的形成

在宇文泰崛起的过程中，出现了“关陇集团”，“关”指的是关中，“陇”指的是陇西。陇西在今天的甘肃，地理上偏西北，然而其独特的重要性就在于作为关中混乱时的避居之地。关中处于中原西陲，秦汉帝国以此为中心统治东方，也就是平常时期关中主要的交通道路是向东方走的。但是遇到动乱，东方的军队、盗贼或流民由东而西冲过来，关中就封闭向东方的道路，转而朝向西方。关中以西最主要的腹地，也是交通最方便的可联络之处，就是陇西。

中古时期所看到的基本形势就是关中长期不稳定，促使关中人口外流。外流的一条路是往南，进入益州、巴、蜀，也就是今天的四川。另一条路则是往西，和陇西联结在一起。关陇集团就是在这样的地理条件下形成的。

关陇集团成员有两个来历。一是避难的中原世族之后，最早曾经建立北凉的势力。二是宇文泰带过去的鲜卑族。宇文泰除了赐姓汉人，去除掉从姓名上能分辨胡汉的区别，另外又征得汉人大姓的同意，将原本的郡望都改成京兆。如此一来，就连从郡望上也区别不出汉人还是鲜卑人了，重要的胡汉大姓都以京兆为其本籍。

靠这种方式打造出一个汉人与胡人紧密联结的关陇集团，成为核心的政治势力来源。不只是北周，连后来的隋、唐皇室都来自关陇集团。宇文泰所选的“六柱国”中，有一位独孤信。独孤信的一个女儿嫁给了北周明帝宇文毓；另外一个女儿则嫁给了李昞，也就是李渊的父亲；他还有一个女儿嫁给了杨坚。这是历史上难得一见的“三朝岳父”，三个女儿跟北周、隋、唐都有了关系。

经过最近的比对、研究，我们才逐渐理解、掌握这是一件多么重要又多么戏剧性的转折变化。在打了一场大败仗之后，宇文泰选择将部分军权释放出来，邀请关陇豪右招募部队加入。“开府”是这套制度的核心，也是后来府兵制的起源，“府兵”二字就是承袭自“开府”的。

府兵制和均田制并列为中古制度史上最重要的两项制度。借由开府的招募，刚开始时创造了一支规模在5万人左右的军队，那基本上是精英部队。汉人接受表面鲜卑化的条件加入，形式上这仍然是少数鲜卑人所组成的部队，只是中间增加了很多不是真正血统上的鲜卑人。实质上，军队里有一部分是从鲜卑部落组织来的，另外一部分则来自汉族世家大姓。

这样的军队到了北周武帝宇文邕在位时，有了进一步的变化。宇文邕得到“武帝”的谥号，就是因为他具备了要战胜北齐甚至灭掉北齐的强烈军事野心。要能讨伐北齐，首先一定要做的，当然是扩增兵源，接着要扩增财源，而宇文邕在这两方面的做法都对后世产生了巨大影响。

为了增加兵源，宇文邕有了一个突破性的想法，将兵制和均田联结在一起。均田制着眼于争取人民，所以要“授田”，接受“授田”的人就对国家有了服役的义务。宇文邕将这样的义务予以扩充：均田制将田地分为九等，六等以上，也就是获得了最好等级田地的人家，规定家中每有三个男丁，就该出一个来当兵。

这样的规定，看起来公平，而且对农户生产的干扰、破坏不大。已经接受了较好的土田，而且还是家中有三个男丁，才需要分出三分之一的劳动力贡献给朝廷的军队。真正实施时，又增加了从授田资格而来的奖励诱因。有愿意来当兵的人，给予“不入县籍”的待遇，也就是授田照给，但这一户所有相关的徭役一并免除，也就是说只要家中有人愿意当兵，全家就得了田却不必再负担其他的力役，这是很优惠的条件。

能有这样的新政策，前提当然是均田制可以顺利运作。这个时候因为荒地还相当多，国家有授田的空间。本来就有很多人愿意进入均田制的体系里，现在体系中部分家户在新办法下提供了三分之一的男丁来当兵，又有其他人愿意借当兵来取得优惠条件，于是就让北周有了丰沛的兵源。

在武帝宇文邕的时候，第一次府兵和均田结合在一起，均田中新的兵力就到开府去报到，成了开府招募军队的一部分，产生了介乎募兵和征兵之间的一种特殊形式。这个新做法取得了很好的效果，《北周书》上甚至夸张地形容自从有了免列县籍、免除租调的优惠政策，“夏人半为兵”，汉人当中有一半都抢着去当兵。我们可以不必拘泥于“一半”的描述，在这夸张描述背后反映的是当时这个政策被视为大有吸引力，极为成功的。

09

府兵制和均田制结合使北周兵源充沛

从北周发源，均田和府兵的结合到隋代还有重要的变化发展。关键在于借由均田所产生的征调兵额愈来愈多之后，军队的规模超过了前线战事之所需，于是有一部分来从军的士兵，就不用调到前线去，仍然留在农业生产地区。这些人没有实际打仗，却已经享受了朝廷给予的免除租调的好处，如此对朝廷来说太划不来了。怎么办呢？对于这些已经具备军人身份但不打仗的人，朝廷与其供养他们，还不如让他们去种田。

于是后来进一步的发展就成了从军的人属于军籍之外，还有固定的“在地军籍”。例如一个地区有 5000 人来从军，本来从军了就被调离这个地区，到打仗需要的前线，也就不需要管这些军人是从哪个地区来的。然而 5000 人中有 4000 人去了前线，却留下

1000 个前线用不上的人，他们不知道什么时候才要出去打仗，朝廷就命令他们回去种田来贡献生产，但因为他们有军籍，和一般农户的义务不同，就属于“在地军籍”。也就是这个地区分成了“民籍”和“军籍”，同样都是种田的，只是“军籍”的人随时可能被派去打仗。

很明白的趋势，是兵和农愈来愈接近。原先兵是兵、农是农，接下来部分的兵从均田的农户里来，又发展出“在地军籍”的兵回去务农。最后到了隋文帝开皇十年，590 年，正式完成了兵农合一。不只所有的府兵都来自均田，只要你接受朝廷授田，就必须为朝廷当兵，而且朝廷拥有的兵力就是府兵，除了府兵之外别无其他兵源，也不需要其他兵源了。兵即是农，农即是兵，彻底完成了“兵农合一”。

北周最早成立府兵时，二十四个开府一共有大约 5 万兵力，然而到北周被隋取而代之时，不过大概半个世纪的时间，兵力发展到了 50 万。由此可以看出这个制度在历史上发挥的重大作用。

10

北周武帝的“废佛”动机

宇文邕用来扩充财源的另一项做法也在历史上发挥了重大作用，那就是“废佛”。这个做法在当时叫“废佛”，而不是后来的“灭佛”，针对的不是佛教信仰，而是佛寺；主要不是反对佛教，而是反对并收拾佛寺系统。

在北朝，佛寺有其特殊地位，是一股很大的经济势力。关键就在《北周书》中说的“假入沙门，实避调役”，假装因为信仰的理由进入佛寺，但实质的用意是要规避应该奉献给朝廷的租调。为什么会有“假入沙门，实避调役”的情况？因为这时候的沙门佛寺和近世宋代以降的情况很不一样。

近世之后，佛寺主要是靠信徒供奉来维持，佛寺中的僧侣必须遵守如“百丈清规”等生活戒律规范，这是我们对佛寺留下的基本印象。但中古史上的佛寺却不是如此。中古佛寺是重要的生产单位，僧侣身份在生命信仰上的意义，往往不如在社会组织上的意义。

僧侣是什么？在那个时代，依附于佛寺的人就是僧侣，那是一种社会组织身份，不必然表示信奉佛教中的任何规条，也不必然要持守任何的戒律。而僧侣身份得到了朝廷的特权对待。朝廷愿意给予佛寺特权，一部分固然出于信仰的理由，还有一部分是统治与维护社会秩序的考量。给予佛寺空间，佛寺可以扮演社会安全的角色，在动乱状态下收容处理流民，提供社会缓冲。要发挥这样的功能，佛寺需要有自己的土地，建立自己的生产系统。从这里开始，有土地、组织生产的佛寺当然就有了各种不同的经济发展，部分佛寺收拢了大量人民，以僧侣的身份规避了朝廷的税赋徭役，佛寺势力扩张，取得了和世家大姓一样足可抗衡朝廷的地位。

均田制建立之后，借由国家授田，甚至连奴婢都拥有可以授田的条件，对于本来依附在世家大姓的人民产生高度诱惑，让他们离开原来的依附状态，转而成为国家的编户齐民。新制度大幅降低了人民对国家的税赋劳役义务，用这种方式和世家大姓抢夺人民，世家大姓面临劳动力流失的巨大威胁。

均田制的一层意义，就在于国家找到了有效的方式，在争夺人民一事上凌驾了世家大姓。世家大姓仍然拥有他们的庞大庄园，不过庄园经济所需的劳动力却不断在流失，必然直接反映在庄园生产下降，进而维持困难。如果土地面积与劳动力的比例失衡到一定程度，世家大姓的一种因应之道就是将部分土地捐给佛寺。

佛寺享有特权，可以规避朝廷的控制，世家大姓将部分土地名义上捐给佛寺，就减少了对于朝廷的税赋责任，如此才能在减少劳动力的情况下维持庄园经济运作。

于是“均田”有效发挥作用时，连带的现象竟然是佛寺大增。到北周武帝宇文邕在位时，北周有 1 万所佛寺，大约 100 万个僧侣。看数字就知道，北周境内不只是佛寺众多，而且佛寺的规模也大，平均一所佛寺有将近 100 个僧侣。这些佛寺有自己的土地，这些僧侣可不是每天在寺里念经礼佛的，他们从事各种生产活动，而且可以不必承担对于朝廷的税赋。换句话说，佛寺有地有人也有钱，他们唯一没有的，是军队武力。

长期以来，从西魏到北周最大的敌人，是东魏和北齐，而在面对来自东边的威胁时，从一开始北周就有强烈的兵源不足的危机感。宇文邕之所以要“废佛”，最主要的动机来自扩张兵力准备攻打北齐。这是“求兵于僧众之间”，把躲在佛寺里不对朝廷贡献徭役的人抓出来去当兵打仗。整顿佛寺之后，又有连带的好处，那是“取地于塔庙之下”，也就是同时没收了原本佛寺拥有的大批土地。拿到这些土地，就可以用来“授田”，再去诱引更多的人离开世家大姓的庄园，进入国家编户齐民行列。

“求兵于僧众之间”，“取地于塔庙之下”，这两句话就提供了宇文邕充分的动机要“废佛”，不必去追问他对于佛教或对释迦牟尼的“四圣谛”有什么看法，那相对没有那么重要，“废佛”出自现实的政治军事考量，而不是宗教信仰上的龃龉。决定“废佛”举措的，一是可以从佛寺夺取人力和土地，二是宇文邕的军队实力发展到一定程度，他有把握压制佛寺与世家大姓的反弹。

“废佛”的具体做法，是没收佛寺的人、土地、建筑，立刻将这些没收得来的资源投入伐齐的军事行动。如此激烈的做法竟然没有引发相对激烈的反抗，显示了寺院制度本身的问题。

最大的问题在于寺院作为经济生产组织的部分发展太快，相对地作为社会组织的部分跟不上这样的发展速度。因此，一来寺院关起门来有足够的劳动力繁荣生产，却缺乏外面的社会支持，也就是说佛寺增长远超过社会上对于宗教慰藉的需要了；二来在快速增长中，这些寺院彼此之间没有一套固定的合作联结，无法形成团结阵线。松散的寺院制度，遇上了有强大军事力量的强势政权，就立即败退瓦解了。

11

平阳之战留下的坦途

“废佛”取得了新的人员兵力与生产资源，宇文邕便一改原先和北齐通好的表面态度，在 576 年发动了征伐北齐的关键战役——平阳之役。

平阳之役是北周改革之后，北齐还能在军事上和北周对抗的最后一场战役。输掉了平阳之役，北齐就江河日下、大势已去了。传统历史的记载解释，集中在北齐的君主有多荒淫懒散，军队在外面节节败退，他还沉溺于女人、田猎游戏。这是中国历史的“亡国套式”，北齐亡国的君主故事，和后来南陈后主亡国的故事，有很多雷同之处，当然不是说他们一定没有这样荒淫懒散，而是这种套式对我们理解历史真正的动向帮助不大。

帮助较大的，毋宁是看看宇文邕为了伐齐特别做了哪些事。

先是整顿了佛寺，将佛寺控有的资源榨出来作为军事行动的基础。然后他联合了突厥，将原本地理上偏处西北的劣势转化为助力。接下来又派人到南朝陈通风报信，告知伐齐的行动，建议南朝陈将部队沿着淮河布置，选择时机渡过淮河，就能得到最大的好处。

这个建议实质上要创造借由南朝陈来牵制北齐军事行动的效果，让北齐两面受敌，为了防范南方来的威胁，不能全力应付北周。这个建议产生的另一个效果，就是让南朝陈认为如果偕同出兵，北周愿意将淮河北岸地区交由陈占领，如此陈就能将分界防线往北推，并在北方得到一块根据地。

然而宇文邕的打算不是这样。建议陈朝渡过淮河，是他的一石二鸟之计。不只收到牵制北齐军事行动的效果，还让陈朝的主力部队进入淮北，远离建康。于是在打赢平阳之役击溃北齐的军队之后，宇文邕立刻转而攻击南朝陈进入淮北的部队，也取得了重大胜利。如此接连两场战役打下来，北周已经奠立了统一中国的稳定基础，局势清楚明朗。

577 年，宇文邕的功业达到顶点，但第二年，578 年他就去世了，太子宇文赟即位，原本清楚明朗的局势因此丕变。

12

“亡国套式”无法给我们北周迅速灭亡的答案

宇文赟即位，什么事都还没做，先杀了叔父宇文宪，因为担心宇文宪会抢夺他的皇位。以此开头，他接着就做了一连串“亡国之君”会做的事：认为父亲武帝留下来的刑律不够严格，就改定了残酷嗜杀的“刑经圣制”；大举充实后宫，要求国境内年轻女子没有经过皇帝同意不能结婚。更荒唐的是，他 21 岁时，儿子 8 岁，就觉得皇帝当累了做腻了，决定退位做太上皇，然后再过一年，22 岁就去世了，前后在位只有不到两年的时间。

这很明显又是“亡国套式”，在中国历史记录里最难处理的材料。我们不能武断地说这样的事一定没发生，然而记录中确实有很多不合理的地方，又很难让我们全盘接受。最麻烦的是，类似的记录会出现在不同朝代的“亡国之君”身上，以致无法判断到底是因为他们做了这些导致亡国，还是倒过来，因为他们是“亡国之君”，所以被认为理所当然必定做过这样的事？不是史书上写的都是事实，不是史书上写的我们都要接受和相信，读历史书时，探究史书内容怎么来的，和知道史书写了什么是同等重要的。

宇文赟退位，将皇位交给才 8 岁的儿子，于是就派了杨坚担任“辅政”。杨坚辅政一度引起宇文氏的恐慌猜疑，有三股势力同时出兵反对他。然而这样的骚动非但没有阻止杨坚，反而让杨坚得以出兵镇压，到 581 年，宇文邕去世短短两年后，杨坚就建立了隋，灭亡了北周。

岑仲勉写《隋唐史》，日本学者宫崎市定写中古史，两个人都引用了赵翼在《廿二史札记》中提出的看法，认为中国历史上开国立朝没有比杨坚更轻松的了。会有杨坚轻松建国的判断，一部分是因为事情发生得那么快，另一部分是因为史书上记录宇文赟做的事情那么荒唐。看起来好像杨坚不需要特别做什么，江山就由宇文氏拱手送上来了。

不过这个判断的前提是我们都相信史书上记录的，或者说我们认定史书上记录的就是全部的经过。但明明和宇文赟有关的记录有那么多不合理、不可信之处啊！单纯以宇文赟的荒诞作为来解释杨坚与隋朝的建立，显然不够有说服力。

我们应该进一步追问，宇文邕在规划及执行伐齐的过程中，北周的政治体制出了什么状况吗？如果不是当时的政治体制中有什么致命的潜在问题，什么重大政策该做而没有做，或不该做却做了，就没有道理到他去世时看起来如日中天的北周政权会那么快便瓦解，江山易手。

不过这样的探问，在史料上似乎得不到明确的答案，连能供推论的线索都很少。因为搜集整理史料写史书的人，在对待历史的态度上和我们很不一样。另外也因为在他们的观念中，塑造一个典型的“亡国之君”，运用“亡国套式”的叙述就足以交代北周之所以亡、后起的隋之所以兴。不止如此，这种方法足可以交代中国历史上任何一朝之所以亡及后起一朝之所以兴。

这就是传统史学的根本限制，我们好奇地想问认为该问的问题，不见得都能在经过套式整理的史书中得到答案。这也是我们必须努力超越传统史学重新认识中国历史的主要原因。

13

杨坚建立统一朝代的条件

杨坚当上皇帝的过程，留着很多无法解释和值得探究的知识空隙，不过他当上皇帝之后所发生的事，相对就有清楚、坚实的资料了。他所建立的隋朝以既有的北周制度为基础，靠着这套复杂细腻的制度打造出的军事实力，顺理成章地运用在攻打南朝上。他所继承的北周实力，已经远远超过南朝陈，不用管陈后主到底有多荒淫，陈朝的政治、经济、军事力量都远远不足以抵抗在北方兴起的这个政权。

颜之推有对于南朝的鲜活描述：

梁世士大夫，皆尚褒衣博带，大冠高履。出则车舆，入则扶侍，郊郭之内，无乘马者。……及侯景之乱，肤脆骨柔，不堪行步，体羸气弱，不耐寒暑，坐死仓猝者，往往而然。

梁朝全盛之时，贵游子弟，多无学术……熏衣剃面，傅粉施朱，驾长檐车，跟高齿屐，坐棋子方褥，凭斑丝隐囊，列器玩于左右，从容出入，望若神仙。

南朝的士大夫流行盛装打扮，戴着大帽子，穿着高鞋子。打扮的重点在于不方便行动，很难自己走路，远一点的要坐车，近一点的要人家扶。这种风气之下，当然完全没有了武勇精神，城里城外都看不到这些人会骑马、肯骑马的。侯景之乱时，这些士大夫已经娇弱到皮肤筋骨不堪走路，体质无法承受寒暑变化，稍有变乱就大批大批活不下去了。

官场上是这样，贵族子弟当然也不可能好到哪里去。不读书不长进，时间精力都花在化妆打扮和嬉游玩耍上，讲究外表和行为要同一般人区分开来，追求看起来像神仙而不像人……

更关键的，南朝迟迟没有建立起兵制来。从东晋“北府兵”以降，南朝军队一直维持着半私兵的性质，朝廷无法充分掌握军队。南朝皇帝多半从军旅来，借由武力当上皇帝，然而政府实质上控制在世家大族的“清官”手中，他们连皇帝都不太看得起，更看不起日常政务工作，权力在手，关心的却只是让自己打扮得“望若神仙”。一个皇帝就算有什么企图，想有什么作为，都不可能通过这些世家大族子弟或士大夫来进行，导致南朝的国家体制长期陷入停滞，无法发展。

南朝停滞的一百多年间，北朝相对地有了那么多变化。这些变化产生的新现象在北周逐渐像拼图般一块块找到对的位置拼起了新的国家体制。这样的国家体制当然不是偶然的，不是天上掉下来的，而是从慕容氏进入中原开始，经过拓跋氏，再到东魏、西魏、北齐、北周，在宇文泰到宇文邕的北周时代拼好了。然后这样一套强大完整的新体制交到了杨坚手中，供杨坚运用来建立新的统一朝代。

第 二 讲

隋朝的积极作为与覆亡

01

隋文帝改州－县二级制

清代学者赵翼在《廿二史札记》中曾论断："古来得天下之易，未有如隋文帝者。"杨坚得天下容易，因为看起来都是靠北周打下的基础。不过他虽然得天下容易，得了天下之后并没有懈怠，在他的皇帝职位上做了很多事，为后来的大唐治世又添加了许多有利的因素。

杨坚一即位就进行了许多重要的改革，例如开皇三年，即位第三年，他将从西汉延续下来的超过 400 年的地方制度——"州－郡－县"三级制，改为"州－县"二级制。

西汉末年在原来的"郡县"之上，多增"州"这个层级，是为了整合地方权力。最早的时候，汉朝将全国分成 13 个州，每个州都是一个相对完整的大单位。到了 580 年，北齐、北周再加上南朝陈，全中国加起来有了275个州。西汉末年，13个州一共统领103个郡，到580年，275个州一共统领663个郡。在这个过程中，州大幅增加了20倍，郡增加了6倍。

那最底层的县呢？西汉末年共有1587个县，580年，南北加起来，一样是1500个县！

这个变化很重要，很有意义。一层意义是显示了中国的县——地方制度的基础单位——从秦汉时设立就有其深厚的合理性，所以可以维持几百年，经历那么多朝代变动，在数量上没有巨幅增减。

另一层意义，相对地，愈上面的单位，增加的速度愈快，幅度愈大，而且造成了许多奇怪的现象。有些州虽然称为州，但下辖的却只有一个郡，也就是州和郡一样大，实质上等于是郡。还有，在南北一共600多个郡之中，有高达50个——将近十分之一——统管的只有不到2个县：有的底下没有县，有的只有1个，有的只有2个。郡和县这两个层级叠在一起了，或更直接地说，明明只有县，却硬是多加了郡在上面。

州、郡这两级在历史中不断扩增，近乎失控了。造成这种情况的主要原因，是国君用创造新的州、郡来讨好、拉拢世家大族。在南方很普遍的做法，是立“侨郡”，也就是从北方搬到南方来的世家大族，连带地要把自己的家乡郡望一起搬来，皇帝就必须替他们在南方新立一个和北方同名的州或郡。又有世家大族子弟要当官，官职不够用，他们要当“清官”，不能当“浊官”，不愿意真正去治理地方，于是就多加一个州或一个郡，多了州官、郡官，也膨胀了州郡的官僚体系。

583年，隋文帝杨坚就下令将中间的郡这层废除了，只剩下州和县。在打下陈朝、统一之前，光是在北方，一下子就减少了三分之一的地方官位。官位当然直接牵涉到人才任用晋升问题，少了官位，竞争程度必然随而增加，于是到了开皇七年，杨坚连带做了重要的决定，那就是废除从曹魏以来的“九品中正制”。

02

人才晋用如何开放并解脱出来?

废除九品中正制，取而代之的人才任用晋升办法在当时称为“贡士”，下分三科：秀才、明经和宾贡。到了唐之后，“宾贡”这科再分成两科：一是“进士”，另一是“俊士”。这也就是后来“科举”最早的形式。

不过这时候的贡士制度，在精神与效果上，和后来的科举还有相当大的差距。科举最大的历史作用，是打破世家大族对于朝廷人才运用的垄断，得以拔擢没有门第身世背景的人。刚废除“九品中正”建立“贡士”时，杨坚的用意不是这个。他要处理的，是开皇三年地方制度改革中政府官僚体系缩编所造成的人才竞争问题。

官位变少了，就必须用比较严格的方式考查要进来当官的人。

贡士制度等于是多增一层考核机制，针对的仍然是门第中人，要从有身份资格可以当官的人之中筛选出较小比例的人才。制度设立本意如此，然而因为所选择的考查方式，结果到后来就起到了改革世族把持人才晋用通道的作用。

这套办法在历史上通称为“科举”，也就是“开科举士”的缩写。这里的“科”字，本意是考核、考试，而因为要考核考试，所以有了引申意，那就是“分科”。“开科举士”和“分科取士”这两种意义在后来的历史上都很重要。

开科举士表示在原来的九品中正制之外，要有新的标准。九品中正是主观的，由中正官来评定，开科则多了一个过程或仪式，建立一套考核考试的客观标准。

分科取士针对的是九品中正制中从全人全才角度来评断的方式，一个人只会得到一个“上上”或“下下”的总评级别。这样的评估方式不符合人才运用需求，所以要“分科”，要分别看待一个人的不同能力，知道这个人在哪些方面有突出的才能。

“开科举士”和“分科取士”这两种办法，是将人才晋用通道从世家大族手中解放出来的关键因素。

03

“废乡官”和恢复“本籍回避”

九品中正制由人来考评，后来现实上的做法是负责考评的官员很自然地将自己知道的、和自己同属世家大族的评为中等以上，其他那些他不认识、出身较低的就评为中等以下。考评者的主观，他认识与否，有很大的左右空间。然而开科之后，有了考试，情况自然就改变了，不可能从出身背景限制参加考试的人，来考了也不能取消他通过客观标准的事实。如此，身份差异与考试客观标准之间就产生了冲突。

隋文帝杨坚是中国历史上数一数二的坚持合理原则的人，看到不合理的安排就要改。地方三级制演变得不合理了，他就改成二级制；二级制造成的人才竞争在原有的九品中正制下无法解决，他就新创贡士制来解决。原来的身份差异和考试客观标准间有了冲突，他就在贡士制中制定“投牒自进”或“怀牒自列”的办法，让一些得不到推荐的人，可以自己报名参加考试。于是原本是为了在世家大族内部因应官位减少、竞争加剧的筛选制度，逐渐变成了朝廷对世家大族以外人才开放的契机。

行政制度上另外一项重要改革“废乡官”，发生在开皇十五年，即595年。这是对于南北朝末年“州官”“府官”双重并行制度的改革。

州官是从汉代的地方行政系统延续下来的，是原有的地方官衙，像主簿就是州官系统中的重要职务。府官是从后来的军事体系转化而来的，像长史、参军是府官系统中的重要职务。本来是一民一军两个系统，一个是日常的，一个是应付特别状况的，然而到后来就算不打仗了，军事系统建立了就没那么容易废除，于是府官也变成常设的了，形成了地方机关里既有州官又有府官的现象。

“废乡官”就是废除州官系统，只留府官。这不只是简化机关、缩减员额，影响更大的是文帝的选择。州官是旧有的地方系统，任用权操纵在地方首长手中。府官不一样，为了因应军事行动统一节制所需，理论上都是由中央政府派任的，这样才能收到避免地方在军事行动上各自为政的效果。形成州官、府官二元并行制，一部分原因在于州官掌握在世家大族手中，朝廷管控不了他们的用人权力。虽然府官中也多是豪门，然而其军事渊源保留了由朝廷派遣的办法。

废了州官留下府官，也就是确立地方官从此由中央派任的原则，一直到县级的长史、参军都要由中央派。同时又恢复了汉朝地方官系统中的“本籍回避”原则，派任时不会把人派回他的出生地、原籍所在地去当官。如果你是荆州人，就一定不能到荆州担任长史、参军以上的官职。

这些制度发挥了抑制世家大族势力的作用。在位 15 年后，隋文帝杨坚显然累积了对付世家大族的成果，才能进行“废乡官”的改革，还恢复了“本籍回避”的规定。从此“本籍回避”就稳固地成为中国官场的铁律，到了近世之后，成为中国文人文化形成的重要基础。

世家大族的特性是在地方上的根本影响力，“本籍回避”使得世家子弟不得在自家有势力的地方当官，换到别的地方去，世家子弟当然就没有那么大的权力，也无法抗衡朝廷了。这在裁抑、缩减世家大族的力量上大有功效。

另外，到了宋代以后，“本籍回避”的规定又进一步创造了中国文人的集体意识。“本籍回避”实质上让文人和地方利益脱钩，要追求官场生涯上的成就，就必须离开家乡，到别的地方去。长久下来，构成官场的文人集团认同，超越、取代了有限的、固定的地域认同，产生了很不一样的近代文人意识。中古时期讲究郡望，一个人的身份首先看的是你是哪里人、姓什么，但到了近世，重点变成了你是否具备可以进入官场的文人身份，是不是拥有文人的文化素养与能力，文人和社会上的其他人区别开来，文人自身不论来自何处，有着自然的认同联结。

这样的力量大有助于中国文化克服原本农业环境中不同的地理风土区域化。不同的地理风土不会构成文化上的区隔，一部分就是靠“本籍回避”的官制原则。

04

“轻赋”使户口大增

南北统一之后，先是靠着州县二级制的确立，隋文帝将官僚系统有效减肥，员额减少了四分之一到三分之一。再到“废乡官”的改革，原本南北两个朝廷所任用的官员，减到了只剩下原先的三分之一。三分之二没有继续任官的，很大比例是世家大族成员。于是世家大族对朝廷的控制和影响大幅下降，朝廷的开支也大幅俭省。

对于从官僚人事上俭省下来的开支，隋文帝也有合理、积极的安排。最合理、最积极的做法就是“轻赋”，减轻人民的负担。隋代继承了北齐的“丁中制”。所谓“丁中”，是“老丁中小”的简称，也就是将男丁按年纪分为四等——15 岁以下是“小”，15 岁到 18 岁是“中”，18 岁到 65 岁是“丁”，65 岁以上是“老”。如此分类与劳役有关，“小”一般不必负担劳役，“中”的负担是

“丁”的三分之一左右，“老”则更少或不必负担。

开皇二年（582年），隋文帝下诏改“丁中制”，先是将原有的四级制改成了五级制，在“小”之下，多加一个“黄”。“黄”来自“黄口小儿”“黄毛丫头”，是中国传统上对于儿童的称呼。新制中，4岁以下叫“黄”，连带调整了4岁到10岁为“小”，11岁到17岁为“中”，18岁到60岁为“丁”，60岁以上为“老”。

调整之后，很明显，“老”的标准降低了5岁，可以早五年减轻劳役负担。在另一个方向，原来就不必承担劳役的“小”之外又多了“黄”，等于是“负劳役”的概念，由朝廷对4岁以下的幼儿提供补助。

才过了一年，开皇三年，隋文帝再将“丁”的年龄改成21岁，等于又多了三年可以不用负担完全劳役的宽限，到炀帝时更进一步修“丁”的年限为22岁。

进行了官僚瘦身之后，国家财政有了余裕，隋文帝就将余裕落实在人民赋役的改革上。轻赋之后，朝廷对于人民的要求降低，当然就提高了人民成为国家编户齐民的意愿，挤出了更多原本属于贵族庄园或寺庙的人口。加上之前北周武帝对寺院经济进行的大幅打击，总体的效果就呈现为国家人口增长。人口愈多，朝廷收入连带增长，每个人的平均负担也必然随之下降，形成了正循环。

到隋文帝去世、炀帝继位时，朝廷登记的户籍中，北方有559万户，南北相加达到870万户，口数则是4600万人。几百年来不曾有一个朝廷拥有这么多的人民，朝廷也就有更好的条件削弱世家大族控制人民的力量。

05

中古城市的典型
——宇文恺重建的长安城

愈来愈多的人接受国家授田，成为编户齐民，国家也就掌握了愈来愈庞大的劳役资源。国家要如何运用这些劳役资源呢？要探究这个问题，我们应该认识一个过去在历史上被忽略的人——宇文恺。在隋文帝时期，宇文恺做了三件重要的事。

第一是重建长安城。从谈汉末的历史以来，我们一直提到“关中残破”，连续的战乱使得原有的长安城早已不复规模，更不必提有什么城市的繁华景况。这时借由人民提供的劳动力，隋朝有了条件重建规模惊人的新长安城。这座长安城的面积有 84 平方千米，每边超过 9 千米的正方城墙，城墙周围将近 40 千米。北魏建造平城和洛阳，就采用类似的方形模式，不过在规模上要比隋代的长安小得多。

新长安城是“城内有城”。北边有一处“宫城”，那是皇宫所在，也就是皇帝住的地方。宫城以南有“皇城”，那是中央政府机构所在的地方。围着宫城和皇城，又有“郭外城”。

郭外城开向“六街”，就是六条大街，另外还有其他垂直的小街，将城内大部分空间隔成一块一块的方格，鸟瞰下来像一个围棋棋盘。城内有两个比较特别的地方，东西对称安排，那就是“东市”和“西市”，是主要的商业交易空间。其他的一个一个方格是居住区，每一格称为一个“坊”。这样的格局就被称为“市坊制”。

光看街道划分，长安的地图类似纽约的曼哈顿，都是由垂直交会的线条构成的。不过再细看，长安和曼哈顿大不相同，因为每一个街道直角相交形成的坊，都有各自的“坊墙”，只能经由“坊门”进出这个小区域。坊门一般从黄昏之后到清晨之前是关闭的，夜晚不许进出。所以长安是座包括了好多小城区的大城。

坊门每晚关闭，等于是住在里面的人都必须遵守宵禁，天黑前没回到坊内就回不去了。每一年当中只有一次例外，那就是上元节，会有三天不闭坊门。这就是为什么元宵灯会那么热闹、那么重要，那是难得的城市夜生活，也就难怪后来的才子佳人小说都选择上元灯会做关键场景，那的确是长安城中最热闹的时刻。

因而这样一座城市，和我们今天的经验、想象其实很不一样。那时的长安城是封闭的，走在街道上两边都是“坊墙”，举目所见都是墙，看不到别的。唯一的例外是“市”——东市和西市，这两块区域没有用墙围起来，所以是开放的、热闹的，商贩林立，人来人往。

这是中古城市的典型。到了近世，宋代以后，中国城市有了巨大的变化，那就是打破了“市坊制”，将坊墙都拆掉了，因而北宋的汴梁城不见得比隋长安大，但城市的热闹却必定数倍于隋长安。《清明上河图》显示的是相对典型的近世城市，还是有城墙，然而城里城外来来往往都是人，有着许多开放空间，创造了各种热闹。都是大城市，中古的长安和近世的汴梁有着很不一样的景观。

06

恢复洛阳为东都、兴建广通渠

宇文恺参与的第二项大工程，牵涉到隋文帝决定要恢复洛阳为东京，也就是重建了“双都制”，于是就在洛阳打造了一个规模小于长安，但比长安更精致、更华丽的新城。洛阳城也是由宇文恺负责建造的，只花了 10 个月时间就盖起来了。洛阳在东边，更靠近南朝，对于后来的隋炀帝产生了高度诱惑，到 606 年，炀帝正式将国都从长安迁到洛阳，到了唐代，武则天也一度定都于洛阳。

更重要地，隋唐两代基本上维持了双都制，有时还扩充为“双重官制”，也就是长安一套、洛阳一套，洛阳的官地位低一点、权力小一点。唐代士人官职资历有各种身份头衔，侍郎、尚书等，然而如果真要弄清楚官场起落伏升，必须更进一步考究他当的是长安的官还是洛阳的官。同样的官名，在长安有实权，在洛阳很可能是退休养老的礼遇。因此造成了这两座城市很不一样的个性与气氛，长安是政治中心，洛阳经济、文化相对比较发达，也就比较消闲安逸。

双都制不单纯是建设了东都洛阳而已。在当时的现实情况下，“双都”有其高度必要，甚至可以说，如果没有“双都”，长安根本就无法维系下去。长安所在的关中地区，其生产水平已经不足以维持一座都城，新建了洛阳，抬高了洛阳的地位，于是洛阳就成了重要的转运中心，将从东边、南边来的米谷送到关中去。长安离富庶的南方生产中心太远了，这条补给线拉得很长，需要洛阳作为中转。

因应这项需求，有了宇文恺主持的第三项大工程，那就是广通渠。广通渠是隋文帝时候兴建的一条运河，连接长安到黄河。原本应该是从长安顺着渭水可以航行到黄河，但渭水的水流极不稳定，于是宇文恺就另辟一条人工运河，提供从长安到黄河的稳定航道，以利从首都到其他地方的水运交通。

广通渠是隋代的运河系统中最早兴建的一段，到了炀帝的时候又增建了其他几段。广通渠之后有永济渠，从洛阳往北到涿郡。还有连接黄河和淮水的通济渠，连接淮水到长江的邗沟，以及从长江再向南连接到杭州的江南河。

这几条运河清楚地告诉我们中国农业生产中心持续南移，北方必须依靠南方的接济。南北交通传统上很早就有驰道的系统，不过到这时交通所需主要不是人的移动，而是货，尤其是大批粮食作物，陆路运输成本太高、运输量不足，因而要由新的水路运输安排。

东部、南部的粮食作物经由不同通道汇聚到东都，在洛阳附近设立了官仓系统来储放，等待转运。这些官仓规模庞大，史书上提到了洛口仓、广通仓等，都是大仓。广通仓在文帝时就创设了，并且及时派上用场。有一年遇到关中歉收，长安粮食短缺，文帝不得不“携百官就食洛阳”，靠的就是广通仓中储存的谷米，据说满仓时可以装下 300 万石。

今天的考古挖掘找到了这个系统中相对没有那么有名的含嘉仓，依照实际丈量估量，含嘉仓可以装下 200 多万石的米谷。不过，广通仓或含嘉仓同洛口仓相比，就不能算大了。洛口仓满仓的容量高达 2200 万石。

借着运河及庞大的官仓系统，隋代得以将国家农业生产的剩余，有效地集中到洛阳附近来，适当时机再往西运送补给长安。如果没有这样的两都制与生产剩余聚积，长安是无法维持继续作为政治中心的。从隋到唐，原本天然物质条件上已经无法维系的西方中心就靠着人为的建设努力而得以保留，这是中国历史上的一个重要现象。

运河中的永济渠，功能和其他运河不一样。永济渠向北延伸，从历史地理上看，刻意安排穿越了原先北齐国土的中心，指向鲜卑人的起源地。隋代将原先北齐的区域称为“山东”，指太行山以东，不是今天的山东省，而是偏河北这边。这地方对隋来说，仍然带有征服地的性质，所以要有方便的交通以利快速军事行动。

“山东”的背后，还有鲜卑人的旧根据地，也是隋代必须提防的。炀帝时大张旗鼓打高句丽，主要就是因为在东北方的高句丽和新兴的草原民族靺鞨结盟，和鲜卑崛起的过程很相似，让隋朝不能轻忽、不能容忍。

07

隋末过度役使带来了不稳定

建长安、建洛阳、开运河，主持这三项大工程的宇文恺，绝对称得上中国历史上名列前茅的大工程师、大建筑家。可以在 10 个月内将洛阳新城盖起来，可以设计挖掘广通渠，多了不起！

宇文恺的成就当然不是他个人的，更重要的是他代表了那个时代新兴的国家力量。为什么会有宇文恺，会有这样的大工程？因为有千门万户过去被贵族、寺院控制的人口，现在通过均田及相关新制度、新改革挤了出来，统纳在朝廷之下，提供了能让隋朝运用的众多劳动力。

国家有了 4000 多万登记人口，也就有了比过去大为增长的赋役劳动。隋文帝、宇文恺必须找到方法来运用这些赋役劳动。由国家授田，得到国家照顾的人民，应该负担劳役，基于公平原则，朝廷有责任找到事情来用掉这些义务劳动力。同样都是来自授田的连带劳役责任，如果有人要工作，却有人可以不必，不公平的情况一定会鼓励逃避，甚至使得需要承担劳役的人因为基于相对被剥夺感而有了从户口中逃亡的动机。

逃亡、隐匿就不需要对国家赋租税，对朝廷来说是伤根害本的大问题，因而在文帝朝和炀帝朝都曾经“大搜隐匿”。这两次“大搜隐匿”都是由高颎负责的。高颎第一次设计的具体做法叫“大索貌阅”。那个时代当然没有照片可以查对，也不可能每个人都有画像存档，不过通过仔细查看外表面貌，至少可以检验年龄是否正确。

“大索貌阅”落实了“丁中制”，登记上 11 岁的人，看起来已经 18 岁了；或是登记上说 65 岁，一看明明不可能超过 40 岁。前后两次，朝廷责成地方政府，发动大批人力来查对，结果就查出了二三十万有问题的人。

第二次“大索隐匿”的做法，则是“输籍定样”。这是专门的行政术语，指的是统一户籍登记的格式。由中央给了记载户籍的分类项目，要严格依照项目规定的写，如此清楚区别出什么分类的人应该做什么，有怎样的义务与责任。

两次“大搜”，从“大索貌阅”到“输籍定样”，都是为了公平，让国家编户齐民依照规定有公平的负担。好不容易建立的国家和人民间的关系，是经不起不公平带来的破坏的。不能说一部分的人服力役付出了辛苦的 20 天，另一部分人可以不用服役，或轻松地吃 20 天的窝窝头就回家了。

为了维持公平，就得找到够多的事、够多的公共工程来消耗如此庞大的劳动力。光是一座新的洛阳城，在 10 个月内，每个月平均动员 200 万人次的人力，用的就是这份劳动力。文帝时，这是一件了不起的新鲜事，长久以来，统治朝廷不曾控制这么多人口，更不会有这种规模的劳动力。然而一旦开始将力役动员的劳动用在公共工程上，很快就成了习惯。

本来认为洛阳城的劳动动员简直是奇迹了，但之后又有了动员更广的几条运河，在炀帝时几乎是同时进行，靠的都是国家新掌握的力役资源。也就是到了炀帝时，国家习惯了大量役使，以至于不断扩张人力运用的规模，很难停止了。

炀帝兴建了运河之后，接着就“南巡”。这趟南巡有将近 20 万人随行，船队前后绵延近 200 里。这样的船队在运河上如何航行？不是靠风帆，也不是靠船上摇桨，而是两岸有人牵挽而行。光是拉船的人，就有 8 万人之多。

整体算下来，炀帝“南巡”沿路前后动用了 400 万男丁。这么一比，建洛阳城的每月 200 万人还真是小儿科啊！而且这 400 万男丁还是在已经动员挖掘运河系统之后，国家无法避免陷入过度动员的疲惫状态了。

隋文帝最大的贡献是让人民愿意列入国家的户籍中。相较于国家给予的授田好处，人民对国家需要承担的义务很轻，于是南北同时逐渐恢复了自由小农的基础。中国古代农业一直维持着小农性质，基本上是投入大量劳动力来换取收获的精耕制，而不是粗放农业。中古改变了这种情况，庄园土地面积广大，运用的是非自由的人力，没有自由的人缺乏生产动机，实际生产效率必然下降。

恢复了小农生产，提升生产动机，也就必然连带提升了生产力。不过因为是劳动密集的生产，小农制最怕的就是劳动力中断，小单位中很难找到替代劳动力，一旦停止了劳动力投入，收成就跟不上了。

隋朝末年所发生的，就是因为国家对于人民役使过度，太多男丁被从土地生产、农业投入中拉出来，劳动力中断立即造成了歉收，经济和社会因而面临严重的不稳定状况。

08

隋文帝与隋炀帝的“南方情结”表现在哪里?

传统上以炀帝“好大喜功”来解释耗费巨资的南巡。用这种夸张方式进行南巡，当然反映了炀帝的个性，不过除了夸耀炫示之外，我们还应该看到炀帝个性上另外的问题。那就是他身上有着严重的“南方情结”。

这种“南方情结”其实在文帝身上也看得到，但文帝的程度没有那么严重。放进历史脉络中，这两个皇帝的“南方情结”不难理解。他们来自北方，控制了强大武力，快速征服了北齐，然后又征服了南朝陈。他们心中早有对于南朝繁荣富庶的向往，而且也明白南朝世家大族的文化地位，尤其是他们对于武人的轻蔑态度。因而虽然取得了政权、统一了南北，他们心中仍旧有着长期“南富北穷”“北野南文”的自卑感，对于南方是既羡慕又嫉妒，甚至带有幽幽的恐惧感。

许多现象都反映了他们的这种“南方情结”。例如文帝即位之初，最重要的大政方针，是“复汉魏之旧”。“复汉魏之旧”就是要跳过整个北朝，将自身的政治合法性建立在接续南北分裂之前的状态。

文帝即位后，有很多“复汉魏之旧”的做法。其中一项是开皇三年新订定的刑律，称为《开皇律》。《开皇律》对于后来的《唐律》影响很深，通过《唐律》我们可以复原部分《开皇律》的原则与内容。今天的成语里留下一个词，叫“十恶不赦”，我们用这个成语来形容罪大恶极的行为，却不会去追究所谓“十恶不赦”指的到底是哪“十恶”。

“十恶不赦”来自《开皇律》，特别定了十项重罪，严重到什么程度呢？就连皇帝大赦天下时，犯了这十项重罪的人都不能得到赦免。承袭《开皇律》的《唐律》中留下了“五行之中，十恶尤切”的记录，并且统纳了这“十恶”的基本性质。什么样的“恶”最严重？杀人放火还是叛国通敌，或是贪污渎职？都不是，是“亏损名教，毁裂冠冕”。这就是要以最严格的刑律去维持“名教”，伦常之理。针对的，是魏晋以来传统伦常遭到破坏的情况，因而要用重典来予以恢复，明显是“复汉魏之旧”精神下的表现。

开皇五年（585年），文帝又制定了一套“开皇礼”。新的朝代一建立，就有了自己的“律”、自己的“礼”，到开皇九年又完成了南北统一。征服南方之后，文帝下令重修“开皇礼”，新的礼法要到炀帝时才完成。为什么刚确立的王朝新礼法要急着作废重修？还有，新修成的礼为什么命名为“江都集礼”？

那是因为政权延伸到南方之后，以皇帝最高地位表示：北方人对于“礼”的认知与修为比不上南方，因而必须延揽南方更高明的礼学专家，集合了多年来高度发展的南方礼学，才能修出新王朝的定案新典。《江都集礼》明确地抬高南方世家大族的身份，正是文帝、炀帝“南方情结”的表现。

虽然从北方打下了天下，文帝、炀帝却认为真正知礼的，真正继承“汉魏之旧”的是南方。南方有什么？有让炀帝羡慕的文学艺术。做了最高统治者，炀帝心中念兹在兹南方的文化成就，常常要强调自己的文学才情“不输南人”。要特别突出“不输南人”，这当然就有情结了，一直意识到南方生活较为舒适华丽，南方的文化比北方高。

从这个角度，对于炀帝的南巡，我们不能只看到奢华夸耀的部分，要看到“南”的因素，要到南方去，输人不输阵，重点是要去向他心目中比较繁华、比较有品位的南方展现自己统治的新王朝“不输南人”。

09

三伐高句丽造成农业生产下降

隋代杨家起自西北的关陇集团，却长期羡慕南方。“江都集礼”的名称另外反映了重要的历史事件，那就是炀帝打算迁都江都，把国都搬到南方。这项计划还有一个动机，那就是他对原先的北齐地区以及鲜卑人的势力，始终感觉芒刺在背。

传统上认定炀帝好大喜功的证据，包括了从 612 年起连续三年发动了三次征伐高句丽的战争。不过除了好大喜功之外，打高句丽应该还有他对于东方局势的忧虑判断。鲜卑人崛起的东方，对炀帝来说一直是新王朝的威胁。鲜卑人旧居地现在多了一支靺鞨，靺鞨又和高句丽联结，让炀帝极为不安。

高句丽长期是中国各朝的属国，南北朝时期高句丽向北朝、南朝分别入贡，不过到了靺鞨兴起后，高句丽有了武力后盾支持的野心，文帝时就曾经和靺鞨联合从辽东入侵辽西。隋代第一次出兵高句丽，是文帝还在位的598年，所以可以说对东方局势的防范，是文帝传给炀帝的一贯国家策略。

隋代对东方高句丽与靺鞨结合的变化格外不放心。文帝出兵一次，到了炀帝更是非要确保高句丽完全臣服不可。为了达成目标，进行了惊人的动员。第一次出兵高句丽，动员了300多万人，其中真正作战的人员大约120万，有30万人攻到了今天的平壤。而这30万人最后只有2700人生还。打得如此惨烈，关键的因素是天气。到那么北边的地方，适合作战的时间很短，四月以后才开春解冻，七八月进入雨季，大大限制了军事的运用。

连带的问题是，有着“南方情结”而且看重外表的炀帝，把这样的大型军事动员弄得更复杂、更浪费，也就更缺乏时效。出兵打仗时很多人力、资源都耗费在礼仪和排场上。要动员310万人才能将120万人送到高句丽，120万人中又只有四分之一到达了主要战斗场域参战。这过程中多少迁延，怎么能应付受气候严格限制的作战日期呢?

第一次出兵高句丽，算是“惨胜”，付出极高的代价换到了高句丽投降，承诺要进贡。但到第二年，答应该来的进贡没有来，于是必须再度出兵。这次打到辽东城下，高句丽就投降了，再度保证臣服进贡。但第三年还打，而且这次甚至是皇帝御驾亲征，因为高句丽还是没有依照承诺来进贡。

靠着北周府兵建立的军事力量是很强大的。隋兵南下攻打陈朝根本就没有遇到什么抵抗。从征服南朝的589年到征高句丽的

612年，也才过了二十几年，怎么会就打不赢了？重点不在隋朝军力弱化衰微，而在两场战争的目标与方式不同。

向南边的军事行动有着清楚的领土扩张目标，打到哪里就占到哪里，也就可以利用比较富庶的南方来进行补给。向北打高句丽，最大的问题就在于没有扩张领土与统治的企图。如果要占领土地，打下一个地方可以先停在那里，安排后续的补给或进攻步骤。隋朝打高句丽却只是要高句丽投降，然后就退兵，给自己制造了很麻烦的后勤运输及战略选择问题。

短时间之内，南巡动员了400多万人，征高句丽又动员了300多万人，将如此庞大的人力自农业生产上抽出来，当然会使得农业生产下降。农业歉收，农民吃不饱，这是再实际再严重不过的困难了。

10

关陇集团内讧与隋朝覆亡

迅速燎原的隋末大乱，其中一个条件是文帝、炀帝完全料想不到的。这个时代的农民遇到吃不饱时，有明确的目标去找食物。因为有官仓系统，官仓之所在也就是食物之所在，也就是饥民目标之所在。

隋末最早兴起的反朝廷组织之一是瓦岗军，那是洛阳以东的农民。从造新城、修运河、南巡到征高句丽，洛阳以东地区是过度役使造成农业破坏的严重区域。而他们离洛阳不远，知道洛阳有大批存粮，自然就集结蜂拥而来了。

官仓有粮，但政治机制来不及反应，没有主动开仓赈济，于是饥民就组织起来成了瓦岗兵，到兴洛仓去抢粮食。兴洛仓沦陷开仓，“十万人就食”，也就是附近吃不饱的人都来了，到兴洛仓来就食的，都化身变成了瓦岗军，难怪隋末的情势会变化得那么快、那么严重。

洛阳附近这一带，是隋从西边兴起之后才占领的，更东边有原先和北齐合作的山东豪族，北齐灭亡之后，隋对这个地区一直有对付占领区的歧视态度，以至于一旦农业歉收造成农民叛变，很快地对隋有所不满的山东豪族也就跟着起而反对隋朝廷。

山东豪族认定隋是西方来的关陇集团政权，然而原来的关陇集团却也不觉得隋跟他们有那么密切的关系。他们眼中看到的，是一个有严重“南方情结”的皇帝，在用人和施政上，都明显偏向南方。

文帝一朝占据要津的大臣，大多来自关陇集团。但到了炀帝时就不一样了。炀帝朝有所谓的“五贵”，指的是宇文述、苏威、裴矩、裴蕴和虞世基五个人。宇文述是鲜卑人，来自北方；苏威的父亲是苏绰，追随宇文泰打天下的，苏姓是关陇集团中的大姓。这两个人属于关陇集团。其他三个人，裴蕴、虞世基是南方人，裴矩则来自北齐。这时候，最显赫的五个人，关陇集团只分到了两个。

从文帝到炀帝，关陇集团累积了很大的挫折和不满。文帝以节俭闻名，原本所立的太子杨勇，就是因为表现得太阔绰、奢侈，才被文帝废掉的。文帝不只在钱财上计较，他很勤劳也很会算计，非常重视细节。反映在用人上，那就是不放心、不信任的态度，也就是好猜忌。

隋文帝杨坚在宇文泰之后取得大权，但他的性格和宇文泰形成了强烈对比。苏绰死的时候，宇文泰亲临葬礼，而且痛哭至无法自持。相对地，杨坚给左右留下最深刻印象的，却是对有背叛嫌疑的大臣，他不只将之处死，而且会坚持亲临斩决。关陇集团的人心中还有宇文泰的作风为对照，更觉得杨坚格外冷酷无情。关陇集团和文帝的关系愈来愈紧张。高颎被罢黜过，苏威被罢黜过，还有虞庆则是被文帝判了死刑，而且由文帝亲临执行的。

使得关陇集团内讧的，还有太子之争。原来的太子杨勇和后来的太子杨广两人持续相争多年。继位者之争必然造成朝中派系，有杨勇派，有杨广派，各拥其主，同时冀望自己拥护的对象成为皇帝后可以给自己带来巨大的权力机会。高颎选择了支持杨勇，杨广即位为炀帝之后，当然就罢黜整肃高颎等人，于是关陇集团实质分裂为至少两大阵营。到后来，关陇集团已经不再是原来那样一个具备集体影响力的权力单位了。

关陇集团中涉入太子之争，且支持杨广的重要角色，是杨素。炀帝即位后，杨素一度握有很大的权力，可是后来杨素的儿子杨玄感在当礼部尚书时竟趁炀帝征伐高句丽时公开反抗炀帝与朝廷。杨玄感之反，象征了关陇集团进一步的分化瓦解，也成了促使隋代灭亡的重要因素。

第 三 讲

初唐、盛唐、中唐、晚唐

01

唐朝并非铁板一块

唐朝当然是中国历史上的重要朝代，开始于618年，结束在907年，存在了将近300年的时间，在帝国建立之后，只有汉代，即西汉加上东汉的400年时间比唐代长。和汉朝相比，唐没有中断，没有分成前后或东西，感觉上就更长、更完整了。

一般说到中国历史上的盛世，习惯是汉唐并称的，除了时间长，另外一个特色是统一——汉朝继承秦，将原本分裂的战国予以统一；唐朝继承隋，收拾了长期分裂的南北朝状态。

不过回到史料，重新认识中国历史，却要先对一般观念中唐朝的这两项特色——时间长与政治统一——有所保留。唐朝历史上关键的大事——“安史之乱”发生在755年，乱局中的玄宗皇帝仓皇出走，他的儿子即位成了肃宗，奉他为太上皇，实质上是强制解除了他的皇帝职位。

这是惊天动地的政治大变局，而变化的幅度还不止于此。花了很长时间、费了很大功夫才平定的“安史之乱”，留下了严重的后遗症，那就是以节度使在地方上取得实质统治权力，中央号令无法贯彻的“藩镇割据”局势形成了，从此一路恶化，武人控制的区域愈来愈广，政治愈来愈不安定，以至于有了后来快速更迭的“五代”，和据地为王、高度分裂的“十国”。

也就是说，统一的唐朝存在的时间事实上没那么长。

唐朝是个辉煌的朝代，在中国历史上留下了深刻的影响。一直到今天，很多孩子最早接触到中国传统文化，就是读唐诗、背唐诗。也有很多孩子以为所有的传统诗都是“唐诗”，以“唐诗”涵盖了中国的传统诗。

从历史的角度认识唐诗，有一个清楚的分期架构——王勃、骆宾王、陈子昂的初唐；李白、杜甫、王维、孟浩然的盛唐；李贺、白居易、元稹的中唐；杜牧、李商隐、温庭筠的晚唐。这个分期架构在诗的理解上，有其道理，的确这四期的唐诗不论在风格上还是写法上，甚至在诗的题材、内容以及诗人的个性关怀上，都有清楚的差异。于是换另一个角度我们也就能够明白，唐朝的社会、生活、文化普遍经历了这样四个不同阶段的变化，才会对不同时代的诗人产生了全面的影响，塑造出他们不同的诗风。

唐朝不是一个贯通一致的时代，从皇朝统治形态、经济发展基础到社会活动的性质，方方面面都可以分成四个段落来看待，这更能看清楚唐朝的面貌。

02

一个唐朝，四个很不一样的段落

为什么要重新认识中国历史？因为许多过去呈现中国历史的模式，经常反而成为阻碍我们更深入、更准确地把握中国历史的力量。一个有必要一再检讨的传统历史观念，是朝代史的概念。以朝代为单位来看历史，会让我们先入为主地假定了朝代内部的连续性，不自觉地认为唐朝从开始到结束基本上是一样的，于是这 300 年间的断裂或不连续现象，往往就被忽略了。

从朝代史的角度看，宋、齐、梁、陈是四个先后更替的朝代，讲述时就一定会视为分开的四段时期，交代、解释四段时期的变化，也就是说，这四段时间所发生的改变、相异会被强调，四朝之间的相似、延续就被忽略了。这样的认识很自然地认为，这段时期的历史变化会比延续了将近 300 年的单一朝代——唐朝来得激烈。

但这不见得是事实。至少没有必然因为是四个朝代，从420年到589年这170年间的转折变化就大过唐朝。如果从求异、探求变化的角度看，唐朝四个阶段彼此间的差异性，应该是多过宋、齐、梁、陈的。

初唐始自618年，延续到武则天称制结束的704年，大约有90年。盛唐最有名，人才辈出，经济文化繁荣发展，但在四个阶段中其实最短，从唐中宗的705年到“安史之乱”爆发的755年，只有半个世纪。肃宗之后是中唐，这段时期的一个关键事件是宪宗之死，宪宗死于宦官之手，那是820年，终结了中唐时期，转而进入更混乱的晚唐。

看唐代的世系表就很明显，从高祖到宪宗，除了中间武则天之变外，基本维持了干净利落的一代一个皇帝的规则。高祖传给太宗，太宗传给高宗，高宗之后是中宗，中宗之后是睿宗，睿宗传给玄宗，玄宗传肃宗，肃宗传代宗，代宗传德宗，德宗之后是顺宗，然后是宪宗，一脉相承，除了中宗李显和睿宗李旦是兄弟相继之外，中间没有出现过一代有两个皇帝的，没有兄弟轮流当皇帝的。如此严格的父子传承局面维持那么久，在中国的朝代里几乎绝无仅有。

但从宪宗以下就不是这么回事了。宪宗死后，下一代的穆宗即位，穆宗之后却是同代的敬宗、文宗、武宗先后当皇帝，接着即位的宣宗竟然既不是武宗的下一代，也不是武宗的同代，而是比武宗高一辈，在血缘上是属于穆宗那一代。宣宗之后是和武宗他们同辈的懿宗，懿宗之后是下一代的僖宗和昭宗先后即位，然后到最后一个皇帝哀帝。

这就是政治上明显动乱不安的晚唐，从 820 年到唐朝灭亡的 907 年，80 多年间换了九个皇帝。

这样四个时代划分当然是人为的，不是绝对的。不过这样划分有助于我们看清楚唐朝的变化，四个阶段有着不太一样的个性。

03

为何说“贞观之治”是初唐的核心？

从政治上看，初唐的主要发展在于两个面向。第一是延续了隋文帝的路线，确立从北朝（北魏、北齐、北周）那里承袭而来的国家体制。例如隋代有了新的《隋律》，唐代就在此基础上另订《唐律》，并且扩张建立了更全面、更完整的“律令制度”。例如隋代有了新的“隋礼”，新建的唐朝也需要有自己的“唐礼”，确定各种相关礼仪。

隋代兴建了运河和长安城，唐朝要接着予以完成及充实。另外更需要完成与充实的，是均田制。推行均田需要有准确的户口调查及登记，如此才能应对隋代末年所发生的过度征调民力以至于毁掉整个王朝的严重问题。隋在建立均田制的过程中，国家能够运用的劳动人力快速增长，于是就掉入了诱惑中，发动了许多大型的公共工程，包括以极度挥霍的方式北征高句丽及炀帝南巡。如此一来，许多农业劳动力被从土地上抽离开，造成了农业减产以及小农残破的情况，几乎使得均田制无以为继。

唐代得到了教训，当务之急是要恢复、重建均田制，那就必须整顿原本“租庸调”的实际操作。租庸调是接受授田的农家应该提供给朝廷的回报。这里尤其关键的是“庸”。简单地说，“庸”就是代役钱，也就是“以钱代役”的办法。和隋代相比，初唐的政治方针之一，是对于授田农户的租庸调从轻征收，也就是落实“与民休息”，让农家生产能从隋末的破坏中恢复过来。方针之二，则是将焦点放在“庸”而不是“调”上，意味着尽量不要以实际的劳动力来动员，要农民离开土地来提供“调”的义务劳动，而是鼓励农民留在土地上勠力生产，多的生产所得再以“庸”的形式交给朝廷，让朝廷自己去雇所需要的劳工。

从这里我们可以联系上唐太宗和“贞观之治”。因为留下了《贞观政要》这部经典政治指南，因为有魏徵等贤臣的精彩故事，传统上太宗的贞观年间被视为唐朝甚至中国历史上的重要“盛世”。不过依照前面解释的分期，太宗统治时期属于“初唐”，而不是“盛唐”。没有把太宗纳入“盛唐”，好像很对不起他在传统历史上的英名与地位，不过我们如果深入认识了不同时期的时代个性，也就能明白太宗及“贞观之治”确实是“初唐”的核心。

“贞观之治”的根本精神，就在抚恤人民，让人民安居休息，从隋代的过度动员中恢复过来。魏徵等贤臣最大的成就，也就在于压抑太宗的野心，不是引导他去做什么，而是要他以人民的劳苦为念，不要轻易举事。要慢下来、有耐心，这样才能在唐朝初建时完成从“均田”到“府兵”的制度基础，也才积累了后来“盛唐”多元成就的能量。

04

玄武门之变：光辉王朝背后永恒的阴影

和短短的隋代相比，唐朝的动作慢得多了。隋文帝加上隋炀帝，25 年的时间就完成了令人目不暇接的种种突破和建设。进入唐朝之后，突破与建设的速度明显慢了下来。这一方面是重新确立北朝制度、坚实基础需要耐心，隋代之所以灭亡正是被操之太急引发的反挫副作用给冲垮的，如果没有这样慢下来的耐心与决心，也就不会有能够安稳从“初唐”延续、升级到“盛唐”的条件。

不过“初唐”相对地慢，还有另一个原因，那就是李家内部权力传承不稳定，更直接地说，因为发生了骇人听闻的“玄武门之变”。宋代司马光在《资治通鉴》中，从“资治”的标准评断说，要数中国历史上的“治世”，不能不提到“贞观”，但“贞观”的光明背后藏着黑暗，与周初的“成康之治”或汉初的“文景之治”

有着本质上的差异，因为唐太宗李世民取得政权的方式并不正当。

“玄武门之变”很严重，因为冒犯了中国社会和文化最基本的人伦信念。在事变中李世民杀了原来的太子——他的哥哥李建成，还有他的弟弟齐王李元吉。还不止如此，他还逼他爸爸——创建唐朝的李渊退位，将皇帝大权交给了他。表面上看是李渊自愿去做太上皇，但实际上，李渊退位是和“玄武门之变”密切联系在一起的。

如此心狠手辣取得大权，连爸爸都怕他而将皇位让出来，李世民当然也要付出相当的代价。其中一个代价是他的统治会一直面对合法性的挑战。在这方面，李世民有一个聪明的安排，就是将魏徵推到前面，让大家不时地看到魏徵做了什么、听到魏徵说了什么。魏徵做的、说的都是反对李世民这个皇帝，而且经常以很不客气——别说皇帝，就连一般人都不见得能忍耐——的方式表示反对。

但皇帝都忍下来了，多少次可以动用皇权惩罚魏徵的冒犯，更可以轻易将魏徵屏除在权力核心之外，李世民都没这样做。其中一个潜在的理由正在于魏徵原本是太子李建成的心腹，李世民竟然不只能容魏徵，还能重用魏徵，显现了他将公义置于私利私怨上的态度，也连带表示了发动“玄武门之变”不是为了私怨，而是为了李氏王朝的前途与天下子民的福祉。

司马光在《资治通鉴》中接着记录、分析了“玄武门之变”的严重后遗症，不只影响了唐太宗一朝，而且延续贯穿了初唐的政治。那就是皇帝与太子之间的紧张关系。有了这样的先例，李世民可以用非制度性的手段，将权力从父亲手中夺来，那么等到李世民当皇帝了，要如何保证自己的儿子，尤其是已经取得太子身份的儿子不会有样学样，发动政变把自己踢下去当没有实权的太上皇？

还不只如此，李世民可以发动政变除掉自己的哥哥——原本的太子，这个先例又使得后来当太子的必定感到高度不安，如何相信自己的诸弟不会也有样学样，发动政变以武力强取太子地位？

05

女主称制掌权，大臣内心接受女皇帝吗？

皇帝担心太子逼退，太子担心弟弟们心有不甘在背后暗算，这样的心理因素笼罩着初唐的王朝政治。李世民立了李承乾为太子，但同母弟弟魏王李泰却没有甘心接受这个安排，持续培植自身的实力，不断逼压李承乾。兄弟相争愈演愈烈，李承乾担心父亲受李泰影响而废黜自己的太子身份，于是动用了暗杀和密谋抢夺皇位的种种手段，结果都失败了，反而导致自己被废为庶人。因为两兄弟争得太厉害，皇帝只好转而立长孙皇后的第三个儿子李治当太子，即后来的唐高宗。

高宗先立了李忠，后来又立李贤为太子，但两个都被废了。唐中宗立过的太子李重俊被杀了，唐玄宗立过的太子李瑛被杀了。从这几个例子看得出来，初唐在皇朝内部经历了严重的继承问题，以至于无法像隋朝那样一创立就进行许多建设。

初唐的历史重心，一部分在接续隋代的前例，将源自北朝的重要制度扩张到南方并修订得更完整；另一部分则在权力继承过程中产生的种种纷扰。太宗一朝经历了李承乾和李泰的激烈政治斗争，才由李治即位。然后高宗朝又出现武则天的动乱。

武曌原本是太宗宫廷内不受宠的才人，却被儿子李治看上了。依照惯例，太宗死后，这些曾经服侍过他的女人都要出家，武曌却被新皇帝想了各种方式再度接入宫中，从重新留发到后来升任昭仪，变成了新皇帝后宫中的宠妃。因为宠幸武曌，高宗就制造了初唐政治上更大的混乱。

虽然经历了两朝废立太子之乱，但从太宗到高宗，皇后的地位是明确的。李承乾和李泰相争两败俱伤，太宗仍然只从长孙皇后所生的儿子中立太子，如此皇后地位更明确，立嫡的制度也维系了。但到高宗朝，皇后被废了，接着还在废皇后的同时改元。唐高祖在位期间从头到尾只有“武德”一个年号，唐太宗也从头到尾只有“贞观”年号。唐高宗却改了好多次年号，而从“永徽”改成“显庆”就是为了彰显改立武后的重要性。

武则天不只是后宫的皇后，她实质介入政事，明白地协助高宗听政，后来甚至明白地和高宗共治天下。她的权力高到不只可以决定太子的人选，等到高宗去世之后，她甚至掌握了立皇帝和废皇帝的大权。高宗死后，先是李显即位，就是中宗，但没多久武则天废了中宗，另立睿宗。睿宗也没在位多久，又被废了，到690年，武则天下令迁都到洛阳，在那里称帝。

武则天成了中国历史上第一个，也是唯一的女皇帝。而且她还创立了一个新的朝代，也叫作“周”。从这个角度看，她所做的和王莽很接近，结束了前一个朝代，创立新朝代，没有多久，原来朝代的家族又将皇权夺了回去。不过换一个角度看，传统上对待王莽和武则天的方式大不相同，清楚反映了重男轻女的价值观。

传统上承认王莽的“新”朝，将汉朝分开为“前汉”“后汉”，但却没有给“武周”朝代地位，也从来没有以“周”为界划分“前唐”“后唐”。“武周”正式存在的时间，从 690 年到 705 年，比王莽的“新”朝还多一年。而且作为一个新的王朝，“武周”该有的都有了，在武则天的身边也集结了一群有名的大臣，前有狄仁杰，后有张柬之，他们的名气甚至高过王莽政权中的任何大臣。

关键的差异在武则天的女性身份，使得她的王朝始终带有高度的临时性质，就连她重用的大臣都不相信这个王朝可以在武则天身后持续下去吧！705 年，当时已经超过 80 岁的武后，就是在张柬之的逼迫下将皇位还给儿子中宗的，完成了唐朝的逆袭回复。而张柬之发兵逼迫武后退位的计划，又是狄仁杰死前就规划安排好，交给张柬之去执行的。

这是武则天的悲哀，她信任、重用的两个男人，都不曾真心效忠她，但她除了信任不可靠的男人，也没有别的办法来遂行统治权力。

06

女皇帝要如何安排继位者？

在一个男人的世界，女人要当皇帝真的不是那么容易。例如，女皇帝要如何安排继位者？

简单、正常的做法是立太子。女皇帝武则天如果要立太子，那就是选择她的儿子来当太子，可是在她称帝之前，两个儿子都当过唐朝的皇帝，而且两个儿子都姓李，如果将皇位传给他们之中的任何一个，那岂不就等于回复唐朝，取消了武周吗？事实上这也正是狄仁杰、张柬之他们所想的，虽然承奉武则天为皇帝，当了武周一朝的宰相，但计划的却是等武后死了，她哪个儿子继位就又“复唐”了。

如果不找儿子继位而选择女儿呢？在父权结构下，这种状况更糟，因为女儿也不会姓武，女儿姓什么是由她的母亲嫁进什么人家来决定的，女儿继承更没有把握。如果一定要由武家人来继承，那剩下的选择就是从兄弟的儿子中去找。但武后身边的人明确反对这个方式，母子之间还有伦常约束，都无法保证儿子一旦立为太子会如何对待母后了，更何况侄子和姑姑这种关系能提供什么保障?

于是武则天终究还是将被废了的皇帝——庐陵王立为太子，这个做法相当程度上削弱了“复唐”的势力，因为与其现在冒险抵抗武后皇权，发动政变推翻武后，还不如多点耐心，等到武后去世了，皇位自然落回唐朝李姓手中了。历史的事实是，不用等到武后去世，等到她衰老多病，大臣就表白了对于李唐的效忠态度，逼迫武后将皇位传给中宗，完成了李唐世系的延续。

不过李唐延续了，宫内权力安排问题并没有解决。经过了武后，皇后的地位与权力就变得没有那么理所当然了。中宗即位，原本韦皇后所生的儿子应该是太子，但这个儿子却在小时候得罪了最不能得罪的人——他的祖母武后，因此被武后下令杀了，造成了韦后没有亲生儿子的问题，谁来当太子都因为和韦后没有亲子关系而产生紧张。

韦后和太子之间的紧张关系不断加剧，最后演变到太子要领军发动政变，虽然政变在最后关头被中宗皇帝劝阻了，但韦后的危机感升到最高点，连带对中宗皇帝的不信任也升到最高点。韦后选择了和另一个在宫中有权力的女人——安乐公主结盟，下手毒杀了中宗皇帝，先是密不发丧，安排殇帝即位。谥号为“殇”，表示这个皇帝很短命，殇帝不只早死，死时才 20 岁，而且他在位的时间很短，710 年的六月初七即位，到六月二十四日就退位了。因为睿宗的儿子李隆基连同太平公主发兵打入宫中，杀了韦后和安乐公主，拥立睿宗重登皇帝大位。

初唐的特色就在于世系混乱，中宗先当了皇帝，又退下来当太子，而且中宗和睿宗都当过两次皇帝，是少见的“回锅皇帝”。

到睿宗第二次当皇帝，情况还是没有稳定下来。打倒韦后之后，原本联手发难的太平公主和李隆基姑侄之间又发生了愈来愈严重的冲突。于是太平公主就想方设法要哥哥睿宗废嫡，取消李隆基的太子身份。这很明显是从唐太宗延续下来的问题，皇族中的女性成员强力介入政争，而关键的太子角色缺乏制度性的保障。太平公主和李隆基的政争一直要到 713 年，李隆基登基为唐玄宗后不久，将太平公主赐死才得到解决，也才平息了从“玄武门之变”以来李家王朝内部的持续动乱斗争。

持续宗族内斗带来的直接影响，是使得初唐在体制与建设的进展上，都远远不如隋代。一边是确立北朝制度，一边是传承自北朝的伦常脱序情况，这两线同时并进，而且后者明显地严重干扰延缓了前者的进度，这是初唐的特殊历史性质。

07

唐太宗利用门第出身可以“修理”大臣?

借由《贞观政要》的记载，魏徵成了中国历史上有数的几位重要政治家之一。和魏徵同时期，同样在唐太宗身边以直谏闻名的，还有张玄素。唐太宗要建洛阳宫时，张玄素表示反对，唐太宗没有接受他的劝谏，张玄素就不客气地说：“如果一定要盖洛阳宫的话，那你连隋炀帝都不如啊！”

这是很重、犯忌讳的话。在那个时代，隋炀帝不只是个糟糕的皇帝，还是亡国之君的代表。被比成亡国之君隋炀帝，唐太宗当然生气，就问张玄素：“连隋炀帝都不如，那难道是像商纣王吗？”然而即使是皇帝这样表达不悦了，张玄素还是不让步，仍然坚持如果建洛阳宫，唐朝“败即随之”。

因为张玄素的勇敢顶撞，最终李世民取消了建洛阳宫的计划。

这是为臣的有勇、为君的有气度的好故事。不过在历史记录里，这只是故事的前半，后面还有发展的。李世民在建洛阳宫一事上让步了，但并不表示他心中没有芥蒂，有一天早朝，皇帝就在群臣面前突袭修理了张玄素。唐太宗修理他的方式，是挑出张玄素，在大家面前问他的门第出身。唐太宗怎么可能不知道张玄素是没有门第的“寒门”！

被皇帝这样问，张玄素的反应是什么？史书上说他浑身发抖，大流汗，说不出话来。直谏洛阳宫时那么勇敢的张玄素，怎么在这时反应那么不一样？因为那时候在朝廷上，门第还是很重要的，还是评断人的基本标准，想到必须对所有的朝臣承认自己不是门第出身，对张玄素来说，简直就像公开脱光衣服那么难堪吧！唐太宗就是要张玄素公开跟大家表白自己没有门第，以此来羞辱张玄素，作为报复。

初唐时门第还那么重要，之所以能从初唐发展到盛唐，出现盛唐的繁荣盛世，一个关键就在于如何处理门第，打破这项严重限制国家人才选拔、运用的框架。

唐太宗曾经下令编修《氏族志》，也就是编订这个时代的世家大族排名。负责编修《氏族志》的，分别是代表山东大姓的高士廉、代表关陇集团的韦挺、代表河西大族的令狐德棻和代表南方侨姓的岑文本。编修出来的结果，列在第一的是山东的博陵崔氏。

唐太宗明白表示无法接受，下令要求重编，原则是要“止取今日官爵高下为等级”。“今日官爵”最高的不是皇帝吗？为什么皇帝所属的陇西李氏竟然排在博陵崔氏之后？经过复杂的折冲，重编后的《氏族志》将皇帝宗族列在最前面，后面接着是外戚，然后才是博陵崔氏。

这件事情真正的意义，不是皇权压过了门第，取消了门第的重要性，而是在门第的角力上，有皇帝当靠山的关陇集团，挤下了过去一向地位最高的山东豪族。皇家面对传统世家大族时，还是有所忌惮。到唐文宗时，还发生了皇帝想要为皇太子迎娶荥阳郑家的女儿，结果郑家得到风声，赶紧将女儿嫁给了博陵崔家的事。

08

从初唐到盛唐的一个关键：如何处理门阀门第

唐太宗重修《氏族志》，利用“今朝品秩”将关陇大姓放到河东大姓前面去，还不足以动摇整个门阀的政治与社会地位。动摇门第，要靠后来终于摆脱“九品中正制”所建立的新官制。到唐玄宗时，唐朝的官制不再沿用“上上、上中、上下……”的等级，改成了从“一品”排到“九品”。而且新的官制里，分成四种“官”——职事官、散官、勋官、爵，四种官都各有九品。在现实运作中，一个当官的人，在一个位置上往往有不止一个官品，而是依照不同官种有不同官品。

在四种官里，“散官”又叫“正官”，这两个名称感觉上差别很大啊！“正官”意为主要身份，例如“正议大夫”这个官名表示具备四品以上的身份，但这不是在朝廷体制中的职务，“尚书”或

“侍中”才是，那是“职事官”。所以“正官”又叫“散官”，因为只有身份而没有职务，必须加上“职事官”才确定在朝廷中是做什么的。

“勋官”指的是来自军功的加赠。有几个官职是特别属于“勋官”的，例如最高等级是“上柱国”，二品。这是个熟悉的历史名词，不是唐朝创设的，而是继承自北魏鲜卑武装体制。所以一个具备军事出身的人，在唐朝会有三个不同的官品，他的“正官”也许是“正议大夫”，他的“职事官”也许是“侍中”，另外他还有一个从军功而来的“武骑卫”作为他的“勋官”。

“爵官”则是从秦汉遗留下来的“赠爵”，属于朝廷的封赏，到了盛唐之后虽然保留了制度上的名称，不过重要性就不如前面三种了。

如此复杂的官制是刻意设计的，为了应付原有的门第状况。一个出身门第的人，朝廷就给你比较高的“正官”官品，维持了门第高人一等的地位。门第贵族很容易借由“荫官”让家中子弟得到“正官品”，形式上取得了进入朝廷的资格。不过“正官”也是“散官”，换句话说大家很快就知道那样的地位是“散”的、空的、表面形式的，不见得拥有实质上的职务权力。寒门子弟因其出身被世家大族看不起，他们得不到高的“正官品”，然而朝廷却可以借由派任给他们重要的“职事官”让他们发挥才能。

这也就是故意平行维持几种官制，官制与官制之间不整合为固定的关系，唐朝得以创造出模糊的地位感，不再分得清到底谁的地位较高，如此打破了原先只有门阀贵族才能当高官的限制。

旧有的门第，例如参与创建唐朝的关陇集团大姓，他们的子弟可以轻易取得四品的“正官”，但有了这样的官品，却并不表示真的有官职。具备“散官”身份的人，数量上远超过“职事官”提供的位子，于是就产生了新的竞争。世家子弟可以容易得到“正官”，但相对地因为“正官”身份资格来得容易，在竞争“职事官”时反而就不利了。在实际竞争中逐渐形成了愈来愈清楚的局面，和旧门第关联的“品子”“门荫”之类的人难以被列入考虑，而“贡举”的重要性不断升高。“贡举”指的就是通过科举考试取得资格的人。

借由这套复杂而巧妙的办法，门第在朝廷人才上的独占权被打破了，多元多样的人才得以进入，得以发挥才能，这是盛唐伟业的关键条件。

09

盛唐就是唐朝衰微的关键

不过若是从初唐到盛唐看下来，又会发现这个朝代赖以成立的两项原则，也在盛唐时期遭到了破坏，埋下了中唐动乱衰微的远因。

第一项是看重文治的原则，逆转了原本北朝对于武力的强调。不再维持那么庞大的武力，也就不会轻易发动战争，军事活动的频率大幅下降。然而，这种态度久了之后就造成了军事制度的弛废败坏。

第二项是“重西北轻东北”的原则。在这点上，唐朝和之前的隋朝在态度上恰好相反。最容易看清楚的就是看府兵的分布。高祖武德年间，全唐境内一共设立了353个开府，其中有92个在关中地区。到了太宗时期，636年，其他地方大致维持260个开府，关中地区却大幅膨胀到372个开府！整个府兵制的重点全都放到关陇地区了。

这样的变化，根本道理在于兵农合一，有农就有兵，有农才有兵，所以人愈多、农业愈发达、经济愈繁荣的地方，就有愈多开府，集中了愈多兵力。但久而久之，也就有了大问题。开府都在人口密集之处，这些地方之所以人口密集，就是因为安定，不会有动乱！会产生危险、需要采取军事行动的，多半在边镇，但一来那里没有那么多开府，二来有问题时很难动员富庶地区的开府兵力远赴边镇。

在这里有了根本破坏府兵制的因素。开府的地方无用武之需，反过来有用兵需要的地方没有开府没有兵。要怎么办？非用兵不可来防卫和平乱时，就只好打破兵农合一的理想，转而募兵。有鉴于隋炀帝将百姓动员到边境当兵打仗带来的严重政治后果，唐朝在没有开府可用之处，就倾向于花钱雇人。刚开始承袭租庸调中“庸”的精神，不能或不适合服劳役时就出钱雇人代役，但逐渐地在盛唐后期就形成了外于府兵制的募兵制。府兵和均田互相联结，原本是唐朝繁荣的制度基础，如此就愈来愈无法维系了。

均田也面临难以逃脱的破坏力量，那就是承平时期人口快速增长。从唐朝以降，我们会一再看到中国农业结构造成的两难。人少了不行，缺乏足够的生产劳动力；人多了也不行，会造成缺乏足够可耕土地的问题。盛唐的没落，正因为盛唐之“盛”，社会安定繁荣，人口快速增长，导致均田无法维持了。均田要能运作，必须有田可授，也就是土地比人多。正常状态下，土地增加的速度赶不上人口增长，只有在战乱或荒年，人大量离开了土地，才会有无主土地空出来。唐朝借以解决战乱生产不足问题的均田制到了繁荣年代就坏了。

田太少，有资格接受授田的人太多，造成了两个麻烦、严重的现象。一个是控制授田的人可以上下其手，决定给谁和不给谁，使得均田制原本的公平精神被破坏殆尽。连带的另一个现象是提升了官吏的权力与地位。不论是什么来源得到稀少的五块田，却可能有五十个人等着授田，于是地方官的决定权就很大，其主观任意空间也随而增大。这个现象直接或间接地造成了中唐以后地方官的腐化。

从“贞观之治”变化为中唐的官箴败坏，不完全是朝廷在挑选地方官时不再那么用心、谨慎，还有源自均田制变质而来的结构性因素。

这种所谓“盛世的诅咒”在唐朝出现，在后来的清朝也出现过。清朝兴衰的关键转折发生在“十全老人”乾隆皇帝到嘉庆皇帝之间。不见得嘉庆格外无能，以至于无法延续“康雍乾”三朝盛世，毋宁说是这三朝安定与繁荣，再加上新的稻米品种引进中国，使得人口在100多年间大幅增长，其幅度超过了任何人能预见的，更超过了官僚体系所能准备和处理的。人口问题在历史上极为重要，也往往成了王朝由盛转衰的必然因素。

10

“安史之乱”前后的律令法制

从盛唐到中唐，律令法制也败坏了。败坏的根本原因在于这套系统在设计上权力顶点是宰相，而不是皇帝。宰相是依循律令法制行使权力的最高领袖，皇帝则高于这套系统，不受律令法制约束，理论上也就不该介入律令法制运作。

玄宗朝之前，不管皇室如何动乱争斗，包括出现了女皇帝实质灭亡唐朝的情况，都还是有具备实权的宰相，如狄仁杰、张柬之得以稳定政治系统。即使是武则天也基本上尊重相权。但到了玄宗，尤其是玄宗任用李林甫之后，皇帝权力侵蚀了相权，连带地造成了该由宰相掌管、维护的律令法制不再能有独立地位，这部分随之败坏了。

唐朝赖以成立并花了许多时间发展的这些根本条件破坏、式微了，在时代分期上也就告别了“盛唐”，以“安史之乱”为明显的分界点，进入了“中唐”。

“安史之乱”爆发的直接原因是胡人安禄山掌握了唐朝的庞大军力，不受朝廷节制。原有的府兵无法解决问题，在需要用兵的地方没有开府，没有府兵可用，于是只好授权让地方分区募兵建立军事力量，将军事行动委托给地方上的节度使。“节度”指的就是授权，让奉命担任节度使的人可以在地方上“节度”——统合支配资源。朝廷不只交予其军事作战权力，还一并交付后勤资源动员的权力，必须靠这种方式才能收拾到处流窜的安禄山与史思明的势力。

这是很大的权力，等到“安史之乱”平定了，朝廷给出去的权力可就没那么容易收回来了。节度使本来是要非常时期“补府兵之不足”，将原本的府兵都纳入“节度”管辖范围内，等到非常时期过了，却再也没办法恢复府兵了。甚至从这些节度使的自我权力与利益上考虑，他们根本不希望结束非常时期，回到原来的正常制度。

尤其“安史之乱”是内乱，而非外患，影响到的不是边境，以至于要负责防堵的节度使不会只设在外围边界上，而是分布在国境范围内。到后来，这些原本为了军事行动而设立的节度使就蜕化为实质分裂唐朝国土的藩镇了。

德宗朝在杨炎的领导下进行了一波改革，稍微缓和了国政恶化。改革的核心是两税法，给了朝廷较为充裕、可靠的税收，但这同时也就是租庸调的正式终结。

从德宗朝开始，朝廷行政财税上开始有了一个特殊的类别，叫“不申户口”，也就是有些户口不必报到中央来，报到节度使那里就好了，属于“节度”权力的一部分。换句话说，也就是允许这些地方势力拦截资源，不需向中央上缴。地方资源愈多，相对地中央就愈贫弱，也就更没有实力约束、收拾地方势力了。

11

中唐及晚唐的政治统治

中唐最特殊之处，在于地方分据形成，不过应该追问的是，“安史之乱”后国境内有了那么多藩镇，为什么唐朝还能维持表面的统一，唐朝继续存在，没有立刻落入后来的五代十国分裂混乱局面？

其中一个理由是这些节度使往往不是当地人，在地方上养兵培植了势力，却没办法信任自己的部将与军士。他们还是接受中央的羁縻，以便必要时靠中央的力量来威吓压制底下的人。

还有一个更重要的理由，是德宗时重整了漕运系统。漕运的作用是将南方的资源运送到北方，到这时候，北方的藩镇已确立，很多税收都被地方留置了，中央收不到，于是江南的经济生产成为唐朝命脉，幸好有隋代建立起的水运系统，让南方经济成果可以不断送往关中，撑持住了中央朝廷，也使得北方藩镇在经济资源上弱于中央，阻止他们进一步挑战中央的权威。

中唐历史的另一个特色，是延续了几百年的世族政治终于结束了。世族秩序不存，引发的现象就是党争。原先朝廷政治势力有一套硬性甚至是僵化的秩序，一切依照世族排名来定先后，形成实质的上下关系，中唐之后，这样的秩序消失了，先后、上下可以重新安排，也需要重新安排。

党争就是在争重新安排的先后、上下关系。使得事情更复杂的，是其中又残留了“寒门”和“豪族”的分野，但现在这两股势力不再是“豪族”在前、在上，“寒门”必然在后、在下，而是这两种出身的人各自集结，以集体的形式进行政治斗争，而当双方相持不下时，宦官就具备了介入影响此消彼长的资格。

盛唐之前基本上没有宦官问题，宦官是从玄宗朝的高力士才变得愈来愈重要的。中唐之后，宦官势力不断增长，再加上党争的作用，外朝相争时，必定会寻找拉拢内朝宦官以为奥援。这是我们在汉朝历史上曾经见过的发展模式，不过在唐朝宦官与外朝党争之间的联结更严密，也更细致。

汉朝还有“清流”的价值观，将太学生、士人和宦官区隔开来，前者自认身份高于后者。唐朝没有这样的区隔，外朝有两个相争的“党”，内朝宦官有两个相争的派，反复进行着变化联结，一下这个“党”和这个派联结，对抗那个“党”加那个派，一下又转变为这个“党”和那个派联结去斗那个“党”加这个派。

看“牛李党争”不能单独看朝廷上发生了什么事，必须一并将宦官因素加进来看。从中唐转入晚唐，关键在宪宗朝，那就是宦官开始介入政事，取得了政治上决定力量的时代。

宦官的力量大到什么程度呢？宪宗死于宦官之手，开了晚唐的先例，后来敬宗也是被宦官杀了的。两个皇帝死在宦官之手，这还相对是小事，再看宪宗之后的穆宗，因为宪宗被宦官除掉了，所以穆宗也是宦官立的。宦官杀了敬宗之后，也自行拥立了文宗。之后宣宗是宦官立的，懿宗是宦官立的，僖宗是宦官立的，昭宗是宦官立的……昭宗之后，就只有在位两年目睹王朝结束的哀帝了。

晚唐在政治上是由宦官主宰的，连皇位都操纵在宦官手中。晚唐的结束，也就是整个唐朝的结束，则是“党争”不断的外朝，后来引进了藩镇的力量来对付宦官。这个时候皇帝都是宦官立的，宦官被清除了，同时也就没有了李姓的王朝宗室了，于是一转而成为藩镇的天下。从中唐到晚唐，藩镇有了足够的时间在地化了，他们是真正有实力的地方霸主，也就不需要中央朝廷了。

晚唐之所以有那么多皇帝，是因为宦官不能自己当皇帝，不得不继续推李家的人来当皇帝。皇帝实质上已经消失了，只剩下帮宦官权力撑门面的作用。宦官被收拾掉了，当然也就没有条件留住李姓的皇帝，终结宦官的同时也就终结了李唐王朝。

第四讲

唐人的人文世界

01

元稹和白居易笔下的“胡旋舞”记录

曾经担任台湾乐团作曲家的钟耀光替瑞典的长笛演奏家贝扎利（Bezaly）写过一首和中国传统乐器合奏的长笛协奏曲，曲名是《胡旋舞》，典故来自唐朝。胡旋舞是当时很有名、很受欢迎的舞蹈。

唐代诗人元稹和白居易都写过标题为“胡旋女”的诗。元稹的诗说：

胡旋之义世莫知，胡旋之容我能传。蓬断霜根羊角疾，竿戴朱盘火轮炫。骊珠迸珥逐飞星，虹晕轻巾掣流电。潜鲸暗吸笡波海，回风乱舞当空霰。万过其谁辨终始，四座安能分背面。

“胡旋”两个字是什么来历、什么意思，没有人知道，但诗人很自豪有能力用文字来形容“胡旋”的舞姿。接着用了一连串的自然景象来比拟其动作，如飞星、如流电，一直动得很快，而且是快速地旋转。快到怎样的程度呢？观众不只分不清一圈在哪里开始、在哪里结束，甚至于连舞者究竟是面对我们还是背对我们都无法分辨了。

白居易的《胡旋女》：

胡旋女，胡旋女。心应弦，手应鼓。弦鼓一声双袖举，回雪飘飖转蓬舞。左旋右转不知疲，千匝万周无已时。……天宝季年时欲变，臣妾人人学圜转。中有太真外禄山，二人最道能胡旋。

这首诗就不只在形容舞姿了，还添加了带有讽刺语气的社会评论。胡旋女跳舞时呼应旋律和节拍，两手举起来像空中飞蓬般转动，不会累，不会停。然后口气陡然一变，从叙述变成感叹评论，说的就是在玄宗天宝年间，时代转折的关键处，社会流行学转圈圈跳舞。这种舞怎么会流行的？因为当时的两位大红人都喜欢且擅长跳这种舞，所以产生了感染效果。这两个人，一个是皇帝宠爱的杨贵妃，另一个是皇帝宠信并给予大权的安禄山。

白居易的这首诗很有趣。首先是挑战了我们对于杨贵妃和安禄山的外表印象。“侍儿扶起娇无力”的那个杨贵妃不是以丰腴见称吗？安禄山留下的有名故事，不是说他胖到搔不到自己的肚脐吗？这两个胖子竟然爱跳这种激烈地一直转的舞蹈，而且很会跳！

这样的意外惊讶之感，其实反映了我们这个时代对胖子的固有偏见，认为他们既然胖就必定不灵活。但在唐代和安禄山有关的史料显现了他为人称道也颇为自豪的，就是既胖且灵活。甚至可以说，胖且灵活是唐朝人在身体观上追求的理想。安禄山那么胖，但他在唐朝不会被歧视和嘲笑，因为那个时代的社会对于什么是漂亮的外表、美的身体，有和我们不一样的判断。

02

艺伎的远源

胡旋舞其实没有像元稹诗中写的那样“世莫知”，至少我们可以从名称上知道这是从西域传进来的。和胡旋舞相近的还有一种“胡腾舞”，那是由不断往上离地跳的动作所构成的舞蹈。不论是“胡旋”还是“胡腾”，都是动作激烈、跳下来运动量极大的舞蹈，也都不会是为了表现身体优雅柔软而设计的舞蹈。

在唐朝的文献《舞府杂录》中，胡旋舞和胡腾舞都归类为“健舞”。《舞府杂录》里明显来自西域、和胡人有关的舞蹈，基本上划归在两类中。一类是动作比较激烈的“健舞”，有棱大、阿连、柘枝、剑器、胡旋、胡腾等；另一类动作轻柔一点的归在“软舞”中，有凉州、绿腰、苏合香、屈柘、团圆旋、甘州等。虽然舞步我们很难还原了，不过光是从名称就可以察觉这些不是中原地区传统的舞蹈。

依照留下来的描述，柘枝舞是给小孩跳的，两个小孩戴上帽子，帽子上挂铃铛，先藏在莲花形状的布景里，然后莲花一瓣一瓣打开，两个小孩边跳边跑出来，头上的铃铛随之发出清脆好听的响声。

白居易也写过一首诗叫《柘枝妓》：

平铺一合锦筵开，连击三声画鼓催。红蜡烛移桃叶起，紫罗衫动柘枝来。带垂钿胯花腰重，帽转金铃雪面回。看即曲终留不住，云飘雨送向阳台。

最后两句形容舞蹈的结尾，铃铛声音逐渐远去，留下袅袅余韵。

白居易写了许多和舞蹈有关的诗，他对那个时代的舞蹈很熟悉。他家里养了两个家妓，一个叫樊素，擅长唱歌；另一个叫小蛮，就是擅长跳舞的。家妓是什么？是家中有朋友来时，负责表演娱乐宾客的。唐朝社会中，家妓相当普遍，那个时代“妓”这个字也没有近世以后的那种阴暗、不道德的意涵。她们的身份与性质，比较接近日本的艺伎。应该说日本从平安朝开始有的艺伎，就是源自大唐，受到唐朝影响而来的。唐朝的“妓”基本上都是“艺伎”，有才艺可以表演的，所以比较富裕的人家如白居易，就将这样有才艺的女人长期供养在家里，所以是“家妓”。

除了家妓之外，宫中有“宫妓”。宫妓和宫女或妃嫔是不一样的，主要任务是在需要的场合唱歌跳舞。另外还有“官妓”，那是公家出钱养了为官员提供娱乐的。至于当时长安最热闹的“平康里”或称为“北里”的，则是“私妓”集中的地区，性质相当于京都的“祇园”，而其范围不只比现在的祇园大，甚至比全盛时期的祇园都更大、更繁盛。

平康里的繁盛和唐代科举考试有密切关系，其主要服务对象就是从各地来到京城参加科考的富家子。平康里最热闹的时候就是科举发榜后，榜上有名的人几乎都要到平康里接受“妓”的娱乐招待，在那里和朋友们庆贺狂欢。这样的气氛，和北宋以降的文人文化很不一样。

很多人读过甚至会背诵的一首诗，是杜牧的：

落魄江湖载酒行，楚腰纤细掌中轻。十年一觉扬州梦，赢得青楼薄幸名。

诗中所咏的“青楼”就是“妓”所在的地方。这种“妓”的文化发达之处，除了在长安依附于科举之外，另外就是杜牧所描述的扬州，那主要是因应航海与对外商业活动而产生的。所以金庸写《鹿鼎记》时，出身妓院的韦小宝就一定得是扬州人，开口闭口“辣块妈妈”，因为扬州和妓院有很长远的关系。此外，在内陆还有成都，也有很发达的青楼文化。唐代成都最有名的是薛涛，西川节度使正式给了“女校书”的封号，可以不称“妓”，比较体面和文雅。

还有一些人和妓女的身份、行业相关的。一种人是“胡姬”，指的是在酒馆里卖酒兼卖身的。开始的时候都是外来的胡人从事这种职业，后来不管究竟是胡人还是汉人，都统称“胡姬”了。本来是只有外来的人才做这种不太名誉的事，后来反正就把做这种事的人都当作外来的人了。

再有一种人是“女道士”。在唐朝那样相对开放的社会环境中，“女道士”和“妓”有类似之处。“妓”以唱歌跳舞吸引人，主要吸引的是男人，吸引的焦点是身体，所以很容易就衍生出身体上的接触乃至以身体为交易。女道士则以呼吸养身的功夫吸引人，主要吸引的也是男人，吸引的焦点也是身体，所以也就自然容易产生同样的衍生活动。

这也就是近世社会习俗对女道士和尼姑有了淫荡、不洁印象和联想的历史渊源。戏剧中很有名的《思凡》，主角就是尼姑；汤显祖的《牡丹亭》中用《千字文》中的四字成语来大开黄腔的，是个女道士；一直到鲁迅写《阿Q正传》，阿Q的劣行之一也包括去摸尼姑的光头，跟尼姑说：“秃儿！快回去，和尚等着你……”

03

唐人全新的身体意识与审美追求

从这些历史现象我们可以明白，首先，唐朝的人对于身体的意识，和近世以下的情况很不一样。从北宋以降，中国社会的身体意识愈来愈保守，愈来愈拘谨，将身体和欲望尤其是性欲联结在一起，因而强烈反对展现身体，要将身体掩藏起来。

唐人的身体是好动的，那个时代主要的交通工具是马，而且不只男人骑马，女人也骑马。像是历史记录上显现的，虢国夫人总是骑马的，不会因为贵为国夫人就必须坐车。唐画上的证据也一样，画中的人要么走路，要么骑马。

骑马普遍到一定的程度，骑术也要达到一定的程度，才会有唐朝流行的“婆罗球”运动。“婆罗球”就是 polo，是骑在马上用长棍子打球的运动。这种运动充分显示了马术的进展。玄宗以上没有看到任何皇帝打“婆罗球”的记录，然而在玄宗之后，所有的唐朝皇帝，除了两个或许因为在位时间太短之外，每一个都留下了打马球的记录。

这又和宋代以后形成强烈对比。宋代、明代皇帝的身体多么娇贵啊，受到宫中种种礼法制度的保护约束，不能有什么三长两短。骑着马、挥动长棍的“婆罗球”是很激烈的运动，当然也很容易受伤，但在唐朝，就连皇帝也爱玩。

唐朝还流行一种叫“夏育扛鼎”的活动，既是运动也是表演。名称用了春秋时期大力士的典故，实质上就是举重比赛。另外一种兼具运动和表演性质的是“绳技”，有各种运用绳子的方式，介于杂耍和空中飞人特技之间。

总体来说，这个时代的身体观是“主动”的，可以动，也应该动。到了近世之后，中国人的身体观转而为“主静”的，这是很大的变化。

唐朝的身体意识还反映在男性与女性的差异上。之前的六朝文化中，比较重视身体外貌的、比较爱美的是男人，是贵族世家中的男人，他们吃五石散让自己的皮肤显现得白里透红、吹弹欲破，还要不时拿着麈尾，摆动麈尾来增加自己行动上的优雅美观，那是他们贵族价值虚荣中的重要一环。

到了唐代，情况改变了，仍然重视身体外表的炫示，但主要的炫耀者从男性转成了女性。在唐人的衣装上看得很清楚，女性经常是袒胸的，大量暴露颈项到乳房间的肌肤，当然也暴露了上乳的隆起形状。

那个时代的女性还大量使用化妆品，流行浓妆，从衣服到化妆，身体的表现都是夸张、戏剧性的，讲究吸睛，让人一下就将眼光投射过去。化妆品中最常用到的是粉，有白粉，也有红粉，而往往红粉用得比白粉多，唐代女性会将脸上甚至身上涂得红红的。另外还有红色的胭脂，就是口红，不过唐人是“点胭脂”而不是擦口红，为了强调嘴巴很小，只有中间一小段“点”得特别红，其他部分的嘴唇都刻意隐藏起来。这是那个时代的审美观。

唐人审美观中还追求大脸。文字上常看到唐人讲“丰腴”，那不必然是要身体胖，更重要是脸给人一种开阔的感觉。身体上的“丰腴”讲究的是“不露骨”，他们不喜欢看到骨头，要有足够的肉将骨头包覆起来，身体不要给人有棱角的感觉。然后在这样的身体上有一张大脸，为了衬托脸看起来比较大，所以刻意将嘴点得很小。这是唐人心目中每个人应有的样子。

04

唐代女性的社会意识和地位有哪些不同？

唐代审美上也很重视眉毛，画眉毛用的化妆品特别称为“黛”，和“粉”同等重要，所以白居易《长恨歌》中形容杨贵妃凌驾众人之美时说的是“六宫粉黛无颜色”。唐玄宗曾经下令要画工准备一幅《十眉图》，示范当时十种流行眉形的画法。理解这些眉形的名称，会有助于减少我们阅读唐人诗文时可能产生的误会。

例如，有一种眉形叫“鸳鸯”，所以描述闺怨的诗中如果有“鸳鸯”，不要以为是在讲鸟，或借由鸟来描述成双成对的现象，很有可能，成双成对的只是诗中女性的眉毛。

另外，温庭筠的词：

小山重叠金明灭，鬓云欲度香腮雪。懒起画蛾眉，弄妆梳洗迟。照花前后镜，花面交相映。新帖绣罗襦，双双金鹧鸪。

开头两个字“小山”也是一种眉形，而不是庭院里或景观里的“山”。他在词中要我们看到的是那种比较秀气的山形眉毛。当时流行的，除了“小山眉”之外，还有“五岳眉”，这应该是比较大弧弯折的眉形吧！此外还有“垂珠眉”，以及“月灵眉”“倒晕眉”，这两种形状应该和月亮、月晕有关。还有“分梢眉”“含烟眉”“浮云眉”，等等。

那真是远比现代化妆术更丰富、细致的“眉毛文化”啊！

女性外表可以夸示表现的，还有发型。唐代女性的基本发型是“高髻”，就是将头发堆高，比头顶高，而且要高出大约三分之二个脸那么多。当然不是每个人都有那么多头发可以堆到那么高，于是头发稍微稀疏一点的人，就必须戴上“假髻”，为女人做假发、“假髻”是当时长安很兴盛的一门行业。

高髻的流行发式就牵连到插在头发上的“钗”。唐代诗文描述女性时“钗”很重要，那是从高髻上突出来很醒目的装饰。很多钗上面还有垂珠，称为“步摇”，传神地表现了女性走路时头上垂珠随着步履韵律摇曳的动态。

那个时代女性的身体很突出，而且刻意制造突出的视觉效果，甚至不会禁抑和性欲有关的展示，袒露胸部吸引男性注意。这样的现象同时也说明了女性的社会地位比较高，女性和男性的社会关系比较平等，当然这是和近世社会的相对比较。

比较平等的两性关系也反映在婚姻制度上。中国传统很早就形成了婚姻中的“七出制”，即男人可以终止婚姻、将妻子赶出去的七种理由。那是“不顺父母”“无子”“淫”“妒”“有恶疾”“多言”“窃盗”。然而《唐律》中在原有的“七出”之外，添加了“三不去”，也就是在三种特殊情况下，男人不能援用“七出”理由将妻子赶出去。

“三不去”的第一条是“经持舅姑之丧不去”。如果妻子在家中侍候公婆直到公婆都死了，经历了公婆丧礼，意味着公婆生前都没有嫌弃她，她已经尽到了服侍公婆的责任，不能在她老了之后把她赶出去。

“三不去”的第二条是“娶时贱后贵不去”。意思是娶进来时夫家贫贱，妻子跟着过了苦日子，做过“贫贱夫妻”，那就不能在夫家发达富贵了就将妻子赶出去。意谓夫家能这样由贱而贵，妻子有一定的功劳，应该公平地得到保障。传统戏剧中有像包龙图铡陈世美的故事，背后的律令与人伦道理判断，就是“三不去”中这一条的引申——禁止男人为了追求富贵而抛弃糟糠妻。

“三不去”的第三条是“有所受无所归不去”。男人从人家娘家那里接受了女儿成为妻子，如果这时候娘家父母不在了，这个女人没有娘家可回，那也不能将她赶出去。离开了夫家她无处可去，不能让她流落街头，必须有基本的人情关怀。

05

婚姻从两家的事变成两个家族的事

“三不去”站在女性角度设下了阻止男性在婚姻中独揽大权、为所欲为的界限。在婚姻安排上，唐代女性也有较高的重要性。唐代有“陪门财”，也就是娶妻时男方必须支付的大笔钱财。《资治通鉴·唐高宗显庆四年》中有这么一段记录：

初，太宗疾山东士人自矜门地，昏姻多责资财，命修《氏族志》例降一等；王妃、主婿皆取勋臣家，不议山东之族。而魏徵、房玄龄、李勣家皆盛与为昏，常左右之，由是旧望不减。或一姓之中，更分某房某眷，高下悬隔。

唐太宗时，为了裁抑门第，找了个理由，说这些“山东士人”

凭借着自己的门第，和人家联姻时都要跟对方要钱，所以在修《氏族志》时在排名上予以降等，而且规定皇家嫁娶，都不找这些“山东之族”，只和有功勋的大臣家联姻。但是偏偏这些功勋大臣，像魏徵、房玄龄、李勣，放不下门第观念，仍然特别喜欢找山东大姓来结亲家，用他们的影响力左右了皇帝命令的效力，以至于不只这些旧门第继续维持着他们的声望与地位，而且高低划分得更严重，甚至同一郡望的同一姓，还要讲究到底是哪一支哪一房。

李义府为其子求昏不获，恨之，故以先帝之旨，劝上矫其弊。壬戌，诏：“后魏陇西李宝，太原王琼，荥阳郑温，范阳卢子迁、卢浑、卢辅，清河崔宗伯、崔元孙，前燕博陵崔懿，晋赵郡李楷等子孙，不得自为婚姻。”仍定天下嫁女受财之数，毋得受陪门财。

到了高宗朝，大臣李义府要为儿子求门第婚姻，竟然被拒绝了。他愈想愈气，恼羞成怒，就去将太宗的命令翻出来，劝谏皇帝执行、贯彻先帝的意旨。高宗也觉得需要压制门第气焰，所以就下了一道诏书，点名最高且可能也是最嚣张的几家，干脆取消他们自家决定婚姻的权利，要嫁要娶都得听皇帝安排。

看皇帝诏书的写法就知道，一来这时门第还是很有影响力的，二来门第的内部划分非常细，所以不能只讲“范阳卢”，而要更清楚地指明是“卢子迁、卢浑、卢辅”这几家。规定门第不能自己决定联姻对象，同时还为了不让他们借由收“陪门财”累积财富、扩张影响力，特别制定了一套嫁女儿能收取的聘金数额上限。

这是要阻断世家大族靠嫁女儿来弥补日益减损的经济势力。到这时候，世家无法再控有那么庞大的庄园，他们能从朝廷得到的“正官”薪俸长期都很低，在这种环境下，这些世家还能那么威风、那么嚣张，部分就靠嫁女儿时收取大笔钱财，等于是以自身的历史地位来换经济利益。通常他们会将女儿嫁给门第排序低一点，却很有钱的人家，对方得到了门第声望，他们换得巨额的“陪门财”。

然族望为时所尚，终不能禁，或载女窃送夫家，或女老不嫁，终不与异姓为昏。其衰宗落谱，昭穆所不齿者，往往反自称禁婚家，益增厚价。

然而攀附门第的观念深入人心，太难改变了，就连那么明确的命令都招来阳奉阴违的做法，甚至产生反作用。为了规避皇帝禁令，有人就偷偷嫁女儿，也有人宁可让女儿不嫁，也要坚持门第立场；还有一些原本没落的分支，故意假装自己是“禁婚家”，反而翻转抬高了身价。

女性在这样的社会结构下，有了左右家族地位升降的特殊作用，以至于婚姻本身也发生了根本性的变化。世家大族靠嫁女儿来取得经济利益，减缓没落速度；想攀门第的借由娶人家女儿来改善家族社会地位。皇帝想禁止这类交换行为而禁不了，实质上反而让这样的交换更难、更稀有，也就更宝贵。

于是从唐朝之后，中国传统社会中的婚姻，从原本“两家之事”扩大成为“两个家族之事”。婚姻本来就不是夫妻两个人之间的事，必定牵涉到两家，但现在这家娶了什么样出身的女人进门，那家将女儿嫁入怎样的人家，都会造成整个家族社会地位的变动，于是婚姻安排中要考量的因素更多了，会有意见的人也更多了。这样一种从家族角度看待婚姻的风俗习惯，从唐代一直存留下来。

06

“假子制”盛行，外族大量涌入中国

另一个同等重要的变化，是使得婚姻制度中血缘结合、生育后代的意义下降，作为人为的、社会建构的意义相对上升。

谈东汉历史时曾强调，当时皇后是一个政治角色，而不是家户角色。皇后作为皇帝妻子的意义，远远不如她将皇帝与豪族联合起来的作用。这样的婚姻形态，在唐朝变得很普遍，要和谁结婚不是个人的考量，而是基于家族利益的全盘考量决定。婚姻的目的是要建构一组“对的”“有用的”社会关系。婚姻中夫妻两人如何相处没有那么重要，比较重要的是会对两个家族之间产生怎样的关系。

重视亲族的人为建构，在唐代产生了另一个社会现象，即“养子制”或“假子制”的流行。那就是借由将一个人认为“假子”

而将他变成亲族的一部分。假子没有自然血缘关系，却有社会亲族关系，可以被当作儿子一般亲近、信任。

唐朝的假子有很多不是汉人。这套制度之所以流行，就在于提供了一种将胡人纳入社会信任系统中的渠道。不需要真正“胡汉通婚”，不需要处理汉人和胡人的复杂文化差异，只要将一个胡人收为假子就能够扩充家族。唐人社会看重新奇，而且喜欢炫耀，家中有一个长相明显不同的胡人，突然和别人家不同，在当时是件值得炫耀、有助于提升家族地位的事。

假子制度大流行，也指向了一个事实，那就是这段时期进入中国的外人，男女比例不均等，主要是男性，女性少得多。男性有比较多的机会可以借由像假子这样的安排融入中国社会。

这段时间外族进入中国的人数非常多。依照《旧唐书》的记载，光是贞观三年，即629年，北方胡族投降归附，就有高达120万人进入中国。三年之后，632年，西北的党项羌32万人进入中国。到了文宗时，又有12万高句丽人进入中国，被安置在淮北地区。

这些记录清楚显现了从初唐到中唐，非汉人血统的人大量涌入中国社会中。隋文帝、隋炀帝建长安城、洛阳城就已经为唐朝做了准备，让外族聚居在这些大城市里。贞元年间，787年左右，调查发现在长安城内置有田产的“胡客”高达4000多人，其中有些人住在长安已经40年了！

贞元年间距离“安史之乱”大约30年，我们还要考虑中国因“安史之乱”产生的社会气氛变化，增加了对胡人的敌意，那么回溯到初唐、盛唐时期，长安的外族社群应该还要更热闹吧。

胡人进入中国的一个渠道是集体归附。归附时不只人民进来落户，常常连人家的朝廷官员也一并由唐朝接收。像是打败了东突厥之后，唐朝就将大部分的政治精英带过来，他们到朝廷上站班，人数和原来的唐朝官员几乎一样多。此外，国子监也收外国人，提供读书和生活的条件，还开放参加科举考试进入朝廷的机会。唐朝这种对外开放，允许外人大批进入，甚至积极引进外人的态度，在中国历史上是极为特殊的。

07

唐代对外开放的气氛从何而来?

这样的特殊态度自有其来历、背景。唐朝建立之际，正值西南方和西方两个重要的宗教在积极向外扩展。

西南方的是佛教。佛教扩展已经持续了相当时期，仍然没有停止。从南北朝以来，佛教对中国社会的影响越来越深，更进一步又以中国为中继，再传到日本等地去。西方还有伊斯兰教，此时开始挟着教义与武力进入西域。有着信仰为后盾，宗教扩张的力量非常惊人，可以超越一般动机下无法克服的自然或人为障碍。

借由宗教的扩张，创造了许多过去不存在的交通通道，刺激了许多人朝远方出发。因而这个时代要从西方或西南方到达中国，比以前容易多了。唐朝没有采取防堵政策，前所未见的大批胡人就通过这些通道进来了，同时带进来许多异质的胡人生活习惯，冲击和改变了中国的音乐、舞蹈等文化形式。

唐朝正式的音乐，是用在宫廷宴会时的《九部乐》，后来改为《十部乐》。音乐开始于“清乐”，类似“序曲”的性质，这种清乐采用的部分曲调独立出来就成了“清平调”。李白的三首名诗，就是可以搭配清平调唱的歌词。“清乐”之“清”，因为是相对传统的风格，用的乐器是古琴，和后面的音乐相比，来得平淡平和。

“清乐”之后作为乐曲的主体的，是“西凉”“龟兹”“天竺”“康国”“安国”“高丽”……看名字就知道是从外地来的音乐。《九部乐》中除了开头的“清乐”和最后的“礼毕”，其他七部都是以中国以外的地名称呼的。原本“九部”，到太宗贞观十四年平定了高昌，就又将“高昌”加进去，多了一部。

在此过程中，不只是音乐的风格大为扩张，还带进了许多不同的乐器。今天在不同地区被称为“中乐”、“华乐”、“民乐”或“国乐”的，所使用的乐器其实都不是中国传统上的乐器，而主要是唐朝时从西域传进来的。真正的传统乐器大概就只有琴，但琴音量太小，不容易参与合奏，在唐朝音乐中没那么重要。等到宋朝之后，因为文人文化兴起，才有琴的复兴，成为用来表达个人心思情境的首要工具。

中国古代的传统乐器，到了唐代愈来愈少演奏，就算保留下来，基本上也只是在皇宫中行礼如仪运用而已。相对地，外来乐器的声音、节奏效果较能符合唐代的气氛与偏好，特别是能够用来表现活跃的节拍与音响的，还有能发出较大音量的。原本的传统乐器在音高变化上不好操纵，而且通常只能发出小空间中能听到的音量，显然既无法运用在激烈舞蹈的大空间中，也无法演奏能产生快速变化的音乐。需要音乐的环境改变了，于是传统乐器虽然没有消失，但能够适用的场合愈来愈有限。

我们知道旧音乐并没有在唐代消失，因为在这个时代传到了日本，保留在他们的雅乐里。在中国近世以后，除了作为文人文化一部分而发展的古琴音乐之外，其他的就敌不过主要是从西域来的乐器竞争，逐渐废弃不用了。

08

如何对待胡人
——“安史之乱”前后的巨变

首先，唐朝的知识核心仍然是经学，而且相较于之前的六朝或之后的宋代，唐朝的经学是最严格甚至可以说是最僵化的。从哲学史或思想史的角度去看，大家很容易从反面感受唐朝的这个特性。唐朝之前的六朝，有老庄思想的复兴及再创造，有成就惊人的佛教中国化历程，两者又彼此影响构成了玄学体系。唐朝之后的宋代，更是有波澜壮阔的理学运动重新改造儒家思想，重新定义儒家。相对地，唐朝有辉煌的文学，却相对举不出什么重要的思想家，提出了什么突破性的哲学观点，更遑论有创造性的系统。

六朝时北方汉人世家中极为强调“礼学”，以维系家族传统，连带地北方经学比南方要发达。然而隋朝建立后，尤其在隋炀帝时，形成了在文化上北方羡慕南方，自认不如南方的价值观，以至于唐代的“礼学”、经学转而跟随着南朝的传统。南朝玄学很发达，文学也很发达，但“礼学”相对地很保守。在建构唐代经学的过程中，原本北方比较有创意、有见地的经学发展就被忽略了，后来又随着世族没落而被排除在外。

从汉末以来，社会长期动荡混乱，“礼学”、经学被视为乱世中少有的可以不变不改的内容，本来就很强调依循古训。到了唐代，有意识地要收拾乱局，就格外重视从文字上着手，将文字固定下来作为基础和依据。中国文字有很大的稳定性，不随语言而改变，可以抗拒语言在时间中流传所造成的变化，唐代就格外抬高文字的固定性质。经学的内容就变成了要用一层一层节制的方式，让经书文字没有任何变动解释的空间。如此一来，经学当然不可能承载什么创造性的思想内容。

倒过来看，宋代之所以产生热闹活泼的理学，正是因为唐代的经学瓦解了。唐代的经学是个紧箍咒，必须从这里得到解放，思想才有广度和深度上开创的空间。唐代经学讲究格式化，例如“经注疏解”的层级就是在这段时期固定下来的，规定“注”是解“经”的，“疏”是解“注”的，“解”则是解“疏”的，严格的四层次。而且下一层不能违背上一层，也就是注不能有违背、修正经的内容，同理，疏不能有违背、修正注的内容……经文是这样讲的，注就只能按照字面去解释，不能有所质疑和发挥。如此一来，在理解经书上的任何创见，甚至只是和前人不一样的看法的空间都被压缩了。要到中唐之后，这个规矩才慢慢被打破，到了宋代理学才能有陆象山那种“六经注我”的思想气魄，强调重要的是经书背后的共通道理，我作为一个人就必然内在具备的真理，而不在六经表面的字句。在这里产生的跃动的近世哲学开创精神，却是在唐朝完全看不到的。

同样的格式化要求也出现在唐朝政治与社会的管理上，那也是四层制，分别为“律”“令”“格”“式”。这也是严整的上下规范，“令”是“律”的下层解释；“格”是“令”的下层解释；“式”是“格”的下层解释。一层一层约束着，下面的只能解释、补充上面的，不能有超出上面范围的其他内容。

唐代流行的近体诗也是讲究格式的，只能有五言和七言两种，只能有四句的绝句和八句的律诗。而且每一句声音平仄如何安排、如何对偶，也都有严格的规定。这样的形式因为尤其是在唐朝发展的，所以称作“近体”，不只和“古体”相对，而且地位上比“古体”要高。

这些例子显示了一个根本问题，那就是唐人这样严格得近乎僵化的主观世界，缺乏足够的弹性来应付客观世界的变动。中唐之后，这个朝代之所以那么快江河日下、濒临瓦解，关键原因就在于主观世界和客观世界间的根本矛盾差异。

初唐和盛唐时期开放地大量吸纳胡人，但到了“安史之乱”后，唐朝突然不知道该如何继续对待胡人、如何安排他们在社会中的位置了。“安史之乱”起源于一个最被朝廷信任的胡人，后来又借着几个胡人的力量才得以平乱。李光弼是契丹人，仆固怀恩是铁勒人，李怀光是靺鞨人。

就看看李光弼吧，他平定了安禄山的动乱之后，却不敢也不愿回朝。因为朝中以宦官鱼朝恩为首，开始歧视胡人，至少是提防胡人。李光弼尽管有大功，但还是担心回到长安会被鱼朝恩害死。

这是很严重的根本冲突。客观现实上，不靠这些胡人，唐朝没有能力解决安禄山引发的一连串问题，然而在主观上，唐朝迟迟没有将胡人安排进来，他们的集体心灵秩序中仍然排斥胡人。

和唐朝的终结关系密切的李克用，是个沙陀人，史料中留下了他的一封上表。那可以说是他给朝廷的“哀的美敦书”，内容是直接的愤怒发泄，告诉皇帝他已经受不了朝廷歧视外族的态度，既然看起来朝廷无法也不愿解决这个问题，他会用自己的力量和方式来予以改变。

从中唐到晚唐，这个王朝始终没能找到一种妥善应对胡人的方法，导致了王朝的倾覆。

唐代最有名的大文学家韩愈写的文章中最有名的一篇是《谏迎佛骨表》，历来许多选集甚至现代的课本都选入了这篇文章。文章中韩愈强烈反对“迎佛骨”，所提出来的理由是：

> 夫佛本夷狄之人，与中国言语不通，衣服殊制，口不言先王之法言，身不服先王之法服，不知君臣之义、父子之情。……况其身死已久，枯朽之骨，凶秽之余，岂宜令入宫禁？孔子曰：敬鬼神而远之。……乞以此骨付之有司，投诸水火，永绝根本，断天下之疑，绝后代之惑。

这是以鄙夷的口气，以佛的身份来否定其重要性。佛不是我们自己人，对我们的文化不了解，又死了那么久，残余的尸骨肮脏不吉利，怎么能进宫呢？最好的方式就是把佛骨拿去烧了，免得人民愚惑。韩愈用这种态度看待皇帝看重的佛骨，差点因而被杀，后来被流放到极南边的潮州去，才有和鳄鱼的纠葛，写了另外一篇名文《鳄鱼文》。

在那个时代，韩愈是有代表性的。中唐之后，社会上原本开放的意识与态度转为保守，抗拒、反对外来事物，以至于连进入中国几百年，还是皇室重视的佛教，对韩愈及其代表的社会价值来说，都在应该被排除的范围内。“佛本夷狄之人”，对韩愈来说，光是指出这样的外来身份，就足以要求将佛排除出去。但实际上，国境内已经有那么多胡人，而且也没有具体阻止胡人继续进入中国的政策与做法，于是客观环境和主观秩序的冲突愈来愈严重。

09

府兵制与均田制瓦解：无法应对外在环境的变化

此外，有些原本在唐人主观想象中秩序井然的规划，这时不再是客观事实了。为了应付战乱，德宗朝对于府兵制和均田制都进行了大幅的改动。从北朝延续下来的府兵和均田有着数字式的严格齐整，一层一层清清楚楚，最为符合唐人的主观想象。但如此清楚的主观想象怎么可能应付复杂的客观变化呢?

德宗朝之后采取了两税制，这项制度命名的由来，是将原本的租庸调三项整合起来，分春秋两季来缴纳。为什么要这样改?因为租庸调背后的均田已经无法实施了。均田是一个很死板的制度，在制度设计上每个人和国家之间的关系都是一样的，没有地区差异的弹性，而且这项关系是固定在土地上的。从国家那里得到“授田”而纳入均田制的人，是没有迁徙自由的，而且也没有土地买卖自由。这样的做法，在平乱之后恢复秩序时很有效，可以安置流民，让他们不再继续流窜，可是到了承平时期，人口增加后就会遇到无田可授的问题。没有从国家那里得到“授田”的人，也就等于跟国家没关系了。而且到了动乱时期，人民一旦被迫离开原本“授田”的土地，也等于同样和朝廷失联，没有关系了。

均田制加上府兵制，这是严格的人身统治模式，国家直接管理每个人——你是谁、你住哪里、你今年几岁、你家有几个人。国家借由“授田”掌握了这个人在哪里，也就掌握了这个人作为可靠的兵源。两税制采取了完全不同的原则，为的是因应人身统治模式的瓦解。国家没办法“授田”，就无法掌握人民，也就无从征收租庸调，所以不得已要将人身统治改为户别管理。

两税制的关键原则是“户无土客，以见居为簿”，意思是以户为单位，今天这家人住这里，不管他们从哪里来，是原来就住这里的（“土”）还是新搬过来的（“客”），反正就是将他们登录下来，让他们纳税。

另外是“人无丁中，以贫富为差”。“丁中”指的是“丁中制”里的分类，这时候不管那些分类了，不管多大年纪、什么样的人住在这里，就是看家中收入多寡状况，给一个评等，照那个评等收税。

一切都以户为准，个人变得没那么重要了，这一户到底有多少人，男丁几个、女人小孩几个，男丁的年纪大小，都不管了。这户收入多过得好，朝廷就多收一点，情况差的就少收一点。很明显，原先那种严整的秩序维持不住了，所以必须从人身统治改为户别管理。春秋两季调查，然后以调查评等为基准向人民收税。

这样的改变带来了很大的混乱。农民从土地上解放出来了，不再被拘束在一块固定的土地上。原本分项缴纳征收的租庸调现在变成要一起征收。史家黄仁宇先生再三强调中国王朝政治的一个特性，用他的话说是“数字上无法管理”（mathematically unmanageable）。最大的问题在于中国人的数字观念中缺乏严谨的单位意识，会将不同单位的数字混在一起。

现在的小孩学算术，很早就知道不同单位的数字不能拿来加减乘除，但传统中国的计算上却常常出现类似将三头牛、五只羊、两只鸡加起来等于“十牛羊鸡”的算法。这是数字上无法管理最根本的原因。租、庸、调征收进来的是不同的物品，过去没有办法统合加总来掌握其增减消长。两税法算是一个进步，将租、庸、调整合为“税”，也就是基本上改以钱来统合计算。

汉朝瓦解之后，原本的五铢钱不再通用了，六朝时中国的经济大幅退回不用钱、无钱可用的实物经济状态。到了隋唐，朝廷重建起公信力，重新铸造钱币，不过国家的租庸调仍然以实物为主，等于相当程度维持了实物经济形态，也就让钱币的需求没有增长得那么快。

两税制终结了国家对于实物经济的支撑，产生了快速向货币经济转化的压力。短时间内，货币成了一切价值计算、交易、累积的标准，中国进入了新的货币经济阶段。而由实物经济转为货币经济正是中古史和近世史两大历史断代的根本差异之一。我们看到，近世历史中，几乎每一朝都要面对如何供应足够货币来撑持经济的困扰，所以在宋代开始出现了交子、飞钞等非贵重金属的新形态货币。这就能够推断了解唐朝国家收入从租庸调转为两税制所带来的巨大变动挑战。这样一种根本改变，是由瓦解了唐人原本的主观想象秩序造成的。

10

中唐以后，政治监督与制衡机制是如何被打破的？

在政治上也有类似的瓦解破坏出现。唐朝建立了表面上最完整的一套政治安排，其中包括了在西方历史上还要再等几百年才出现的权力监督制衡（check and balance）原则。不只是律令格式层次井然，还有皇权和相权的巧妙平衡。依照制度，唐朝皇帝下的命令，必须经过宰相签署，当时称为“门下封驳权”，宰相及其代表的官僚体系可以借由这项权力限制皇帝，皇帝不能想怎样就怎样。

但“门下封驳权”当然不是绝对的，光靠“门下封驳权”本身无法真正限制皇帝。毋宁说是在主观想象的秩序中借由“门下封驳权”的存在，使得皇帝尊重相权，在权力运用上自我约束。

然而从中唐以后，皇帝的客观做法打破了原本的主观安排。

皇权扩张最简单、最直接的做法，就是既然宰相有“封驳权”，皇帝干脆不要任命宰相。高宗以后，一个头衔愈来愈流行和普遍，叫“同中书门下”。关键就在这个“同”字，意思是让你做宰相的事，但没有给你宰相的身份与地位，再说得明白一点，没有让你可以动用“封驳权”来反对和限制我。

到后来又有“同中书门下平章事”。这个更长的职事官名称是要进一步确认，从所做的事情上看，你和宰相一样，换句话说，在身份地位上可就不一样了。这是将真正带领官僚体系的人在位阶上，尤其是相对于皇帝的地位上再降等。玄宗选了李林甫当宰相，但他的正官官位不符合宰相的要求，他不是依照典章制度当上宰相的，而是由皇帝主观指派的，所以就不是真正的宰相，而是给予他等同于宰相的工作。这是最早的重要先例。

先是皇帝夺了相权，接着是藩镇坐大，将地方的权力夺走了，皇帝逐渐管不到地方了，只剩下管中央的权力。地方势力愈大，皇帝愈管不到，就只好愈专注地抓紧中央权力。皇帝在中央的权力愈来愈大，相权相对地就持续萎缩。表面的律令格式都很好看，但到中唐以后政治实质就不是这样了，而唐人迟迟找不出方法来让表面制度和实质权力运作，从而让主观想象与客观事实趋近、重合。

北宋之后的近世中国社会中的一些变化趋势，其实在唐代已经开始存在。例如改为两税制后人口的流动现象，以及城市的兴起与转型；例如科举制度中人和官职间的关系在松动，士人从对官僚体制的认同转变为对自身集团性的认同，等等。

但是唐朝始终没有发展出一套相应的主观秩序来容纳、处理这些新鲜的客观变化，必须留待宋朝建立后才能解决。而宋代的许多做法，也应该放在这样的脉络中才看得更清楚，像是建立中央集权的“强干弱枝”政策，或刻意压抑武人地位的“重文轻武”安排，都是为了对付唐朝遗留下来、迟迟没有处理的长期问题。

第五讲

重读唐诗（一）

01

唐诗为什么重要?

在中国人的常识中，诗和唐代几乎总是联系在一起的。小孩的教育中有一个长期不变的功课，叫作“背唐诗”，不只是相信诗就应该要用背的，而且好像所有值得儿童背下来的诗，都是“唐诗”，虽然有些其实不是唐人写的，也都通称为“唐诗”。

很多朝代都有诗，然而以诗这个文体来说，显然唐朝占有特殊地位。一般文学史上习惯以文体来断代，汉赋、六朝骈文、唐诗、宋词、元曲、明清小说，的确不同时代会有不同的代表性文体，也的确诗的发展在唐朝达到了辉煌的高峰阶段。

不过在诗这件事上，应该稍微提醒大家，除了注意唐诗之外，也不能轻忽宋诗。钱锺书先生在《谈艺录》中说：

唐诗、宋诗，亦非仅朝代之别，乃体格性分之殊，……唐诗多以丰神情韵擅长，宋诗多以筋骨思理见胜。

诗并不是在唐朝就发展完了，宋人也不是只写词，宋代不只出了很多诗人、写了很多好诗，而且依照钱锺书的意见，宋诗有着和唐诗很不一样的性格。唐诗飞扬，宋诗沉潜；唐诗重才气，宋诗重思虑。所以我们不能单纯将宋人所写的诗看作唐诗的余绪，应该体会、欣赏宋诗不同的性格与意趣。

从这个角度，凸显了唐诗作为更长的中国诗史传统中的一环，唐朝之前就有诗，唐朝之后仍然有诗，那么唐诗和之前、之后的诗有何不同？形成唐诗地位的因素是什么呢？也就是相较于之前、之后的诗，唐诗的独特之处何在？

从历史而不是从文学的观点出发，让我们在叙述个别作者与欣赏作品之前，先来宏观地探讨唐诗的精神。

02

唐诗有哪些独特之处？

中国诗的演变，有一个基本的方向，就是在形式条件上愈来愈严格，规律愈来愈多。

古乐府诗是很自由的，例如这首《西门行》：

出西门，步念之，今日不作乐，当待何时？逮为乐，逮为乐，当及时。何能愁怫郁，当复待来兹。酿美酒，炙肥牛，请呼心所欢，可用解忧愁。人生不满百，常怀千岁忧。昼短苦夜长，何不秉烛游。游行去去如云除，弊车羸马为自储。

走出西门，边走边想，不趁着今天这时候来找乐子玩玩，要等什么时候？不要等，不要等，就是现在。总不能老是愁眉苦脸一直等吧。要有美酒，要烤肥牛，依照自己喜爱的来解忧愁。人一生活得再长，顶多也不过百年，却常常怀抱着千年的忧苦。这么短的生命光是用来享乐都不够，白天那么短，不方便的夜晚偏偏那么长，那就应该燃起蜡烛来，连夜晚都要用来游玩啊！玩玩走走，没多久人寿终结了，要上天去了，连破车瘦马都自己准备好了。

这首诗各句字数不统一，有三言、四言、五言、七言，如果将重复句算进去，那就还有六言的。而且诗中间转韵，用了两个韵，不是一韵到底。诗中五言的部分，有四句诗："人生不满百，常怀千岁忧。昼短苦夜长，何不秉烛游。"这四句也以基本相同的文字出现在《古诗十九首》中：

生年不满百，常怀千岁忧。昼短苦夜长，何不秉烛游。为乐当及时，何能待来兹？愚者爱惜费，但为后世嗤。仙人王子乔，难可与等期。

不只有完全一样的句子，而且诗要表达的意思也很类似，"为乐当及时，何能待来兹"也就是"何能愁怫郁，当复待来兹"；"仙人王子乔，难可与等期"也可以说是"游行去去如云除"的一种变调。不过后面这首诗在形式上变成严格的五言诗了，不再有不同字数错落的句法。

乐府诗基本上是入乐——配合音乐的歌词，所以会随着音乐的不同来搭配长短不同的句子。到了《古诗十九首》，这样的作品就离开了音乐，以文字的形式独立存在了。

李东阳在《麓堂诗话》中解释诗的发展说：

诗在六经中别是一教，盖六艺中之乐也。乐始于诗，终于律，人声和则乐声和。又取其声之和者，以陶写情性，感发志意，动汤血脉，流通精神，有至于手舞足蹈而不自觉者。后世诗与乐判而为二，虽有格律，而无音韵，是不过为排偶之文而已。使徒以文而已也，则古之教，何必以诗律为哉？

他的意见是认为古代经学中，《诗》和《乐》原本是同一回事。所谓《乐经》指的是音乐的部分，《诗经》则记录了所唱的歌词。音乐开始是配合诗的，后来有了自身的乐律，也就是宫、商、角、徵、羽这些音乐的律则。古代的诗不只能唱，而且还能用来跳舞，后来逐渐地诗和音乐分开了，诗归诗，音乐归音乐。李东阳的立场是主张诗和乐应该恢复合一的状态，他用来支持主张的历史描述基本上是正确的——从汉代之后，诗的发展方向就和音乐渐行渐远了。

乐府诗在字句和声音上的安排，还是考虑到音乐，跟随着音乐，但是到了后来诗从音乐中独立出来，就转而追求来自语言的一种不同的音乐性，不再是唱的，而是念的，或是吟诵的节奏与韵律。

这样的发展在唐代流行的近体诗中发展到了极致。诗作为一种文学的形式，讲究的完全是语言上的音乐性。这和中国文字的特殊地位有关，文字的地位比音乐高，也比语言高，自成一个系统，也就形成了自身的规律，既不是音乐的，也不是一般语言的，刻意追求一种和日常语言区隔开来的规律。唐诗在声音上的特色，就在于没有要搭配任何特定的旋律，而且也和一般人日常说话拉开了很大的距离。

诗不再能唱，所以到了晚唐、五代，就出现了另一种搭配当时流行音乐而写的东西，那就是“词”，又称“长短句”。词其实和以前的乐府有着共同性质，都先是为了歌唱而存在的。依据不同的词牌，句子有不同的长短安排，看到列在最前面的词牌，就知道该搭配什么样的旋律来唱这样的歌词。

然而到了宋代，词从民间歌人手中进入了文人文化中，文人有意识地进行词的创作，很快就出现了像苏轼那样完全不谐音律的词人。可想而知，不顾音律所写的词是没办法唱的，词就又不再是歌词了，而变成了文人之词，也就是可以脱离音乐而存在，甚至必须和音乐脱钩的文学形式了，只能读，只能吟诵，不再能唱了，尽管还是列着词牌名，却没有人再拿这些词去唱歌了。

宋词之后有元曲，这又是来自音乐。新时代的音乐形式刺激出新形态、新精神的歌词来，是为曲。然而曲尤其是散曲，进入文人之手，经过了文人介入、创作、改造，没多久音乐的元素又被抛开了，曲又成了文字文学的形式，主要以阅读、朗读来欣赏、体会。

这是中国韵文根深蒂固、反复出现的基本发展模式。追求文字内部的声音之美，这样的特性在唐诗中就完全确立了。没有了更多变化的旋律，只靠文字发音来制造节奏、韵律等音乐性，也就需要对于文字声音彼此的关系有更精密的认识与分析。从西域来的音声概念适时提供了这方面的知识背景，对于中国文字发音的平仄上下顺序与对称规律，南朝时沈约所提出的“四声八病”等统理归纳，为唐诗打下了稳固的基础。

03

从《古诗十九首》到唐诗，发展出严整的对仗格式

从《古诗十九首》到唐诗，另外有一个重大变化，可以说是从量变到质变的发展，是在字词对仗上的讲究不在同一个等级上了。《古诗十九首》中有“青青陵上柏，磊磊涧中石”或“胡马依北风，越鸟巢南枝”这样的对偶句，但第一，没有规定诗句非这样铺排不可，第二，那被认为是装饰、增添趣味，带有附加性质，而非本质性的。到了南朝诗，像《玉台新咏》中的作品，对仗带有高度的炫耀性，是用来展现诗人特殊能力的，有本事做到别人做不到的。

在唐人的近体诗中，对仗不是装饰性的，也失去了炫耀性质，那是在体裁形式中严格规定的，没有整齐对仗能力的，根本没有资格创作近体诗，也就无法取得诗人的身份。

近体诗指的是绝句和律诗，绝句只有四句，律诗也只有八句，

各分五言和七言两种形式。那么短的篇幅，所以可以贯彻非常严格的规律。从声音上看，基本上整首诗第一个字是平声或仄声，就完全决定了诗中其他每一个位置上的字应该是平声还是仄声；诗中第二句结尾那个字的发音，也同时决定了每一句的最后一个字可以有哪些声音上的选择。

还不止如此，诗基本上每两句配对的，律诗规定第三句和第四句在一起称为“颔联”，第五句和第六句在一起称为“颈联”，这两句都是要严格对仗的。

对仗的讲究到了唐代变得很复杂。六朝时刘勰的《文心雕龙》中有“四对”的说法，到了唐代上官仪讲的就成了“八对”，增加了一倍。刘勰的“四对”分别是“言对”“事对”“正对”“反对”。“丽辞之体，凡有四对；言对为易，事对为难；反对为优，正对为劣。”

“言对”指的是形式上的对仗，例如“一心”对“三位”，发音上前面是“仄平”，后面是“平仄”，对到了；“一”和“三”都是数字，“心”和“位”都是名词。这样的“对”是容易的，但“一心”和“三位”在意思上有什么关系呢？那就不如“霜寒”对“露冷”，声音上“平平”对“仄仄”，文法上都是名词接形容词，更重要的是两者之间有明确的关系联结，都是形容秋天感受的。这样就成了“事对”，不只是“言对”。

不过“霜寒”和“露冷”描述的是类似、相近的感受，这叫作“正对”，还不够好。最好能在对仗时扩充诗的意思，不要为了对仗而重复，所以应该尽量“反对”。“霜寒”如果对“雾重”就有变化，一个是触觉的，另一个则是视觉的，会比较好。

上官仪的《笔札华梁》中提的“八对”则是“正名”“隔句”“双声”“叠韵”“联绵”“异类”“回文”“双拟”，讲的不是如刘勰那样的对仗基本原理了，而是进阶版的，讨论更高难度的对仗方法。也就是说他认定他的读者都知道如何做出基本的对子，因而提出了精进对仗的八种模式。

04

对仗成为中国古代文人必备的基本能力

和上官仪用心相似，元兢也提出了他的“八对”，而且举出了几个特殊的对仗例子。元兢举例的“奇对”之一是“马颊河”对“熊耳山”。这本来是两个地名，但第一个字都是动物名称，第二个字又都是脸上的部位，再加上“河”对“山”，配合得非常巧妙。

另外一个“奇对”，一边是历史上鼎鼎有名的“曾参”，人名要怎么对呢？“曾参”要对“陈轸”，一来两个人都是东周的人，时代相近；二来“曾”的本意是“曾经”“过去”；那“陈”呢，是“陈旧”，老的或过时的，又有类似的时间意涵；最有趣的，也是最难的，“参”和“轸”这两个字都是古代天上星宿的名称！

要认真讲究对仗，那变化可多了。他举了一个“桂楫”对

"荷戈"的对法。从一般字义上看，前面指的是用桂木做的船桨，后面指的则是扛着武器或锄头，怎么能对呢？"桂"是名词，"荷"是动词，光是词性就不符合啊！但元兢说这叫"字对"，就是将原本的词拆开来，单字对，"桂"和"荷"都是美好的植物，而"楫"和"戈"都是工具，可以这样来对。

还有一个有趣的例子："山椒架寒雾，池筱韵凉飙"。前句"山椒"是一个词，指的是山顶，所以描述像是高高地撑起了寒雾；后句的"池筱"指的则是池边的竹子，是两个字联结起来的，这在词性上原本也是不同的。但依照"字对"的原理，用"山"对"池"，"椒"对"筱"，如此就对上了。

还有一个奇对，是"冯翊"对"龙首"。这在对什么啊？这叫"半边对"，"冯"的半边是"马"，可以和"龙"对；"翊"的半边是"羽"，身上的部位，所以可以和"首"，也是身上的部位来对仗。

这些对法近乎巧戏了，我们可以不必那么认真看待，在历史上真正重要的是明了：如果不是将对仗看得很重要，在对仗上耗费过许多功夫，是不可能产生关于这些古怪对法的讨论的。

唐代之后，对仗就成为中国文人必备的基本能力，在教育中占有必然的一席之地。《笑林广记》中有一个流传很广的笑话，就是关于做对子的。笑话说有一个塾师去教有钱人家的孩子，那孩子顽劣不堪，很难教，但为了不薄的束脩，老师也只好勉强应付着。有一天东家问了，小孩学得怎么样呢？老师满口称赞，小孩聪明，学得快又学得精。爸爸要查验一下教育成果，就来考一下。考什么呢？考作对子。

爸爸出了题“蟹”，看看儿子怎么对。儿子想了一下，说对“伞”。这怪了，“蟹”怎么能对“伞”呢？老师赶忙在旁边解释：“对得好！蟹是横行的，伞是直着的，对得好！”爸爸有点狐疑，再出一题：“种稻”。儿子对什么呢？竟然对“行房”！小孩脑袋里会有“行房”已经很不对劲了，更何况拿这个来对“种稻”！没关系，老师也有解释：“对得好啊！都说‘积谷防饥，养儿防老’，不种稻怎么积谷？同样地，不行房如何养儿呢？对得好！”

这是笑话，今天很多人恐怕无法领略好笑之处，因为要在如此讲究对仗的环境里，才可能产生这种笑话，人们也才会听了爆笑出来。

因为讲究对仗，因为对仗法则深入人心，唐代之后就出现了一直到今天还通用的“对错”一词。在此之前，中国人说“是非”，你同意、赞成的叫“是”，你不同意、不赞成的叫“非”。然而现在前者我们说“对”，后者是“不对”或“错”。“对”原意指的是正确地将这个字词和那个字词符合规则地对仗。“天”和“地”是“对”的，“天”和“走”就“不对”。“不对”的两个字词就不在一起，就“错开”了，就“错”了。

从“是非”变成了“对错”，可见这种文法规律在中国社会里变得何等重要！

05

为什么说唐诗如此不自由?

为什么唐代的诗会如此不自由？从声音到字义有着重重约束规范，更大的约束规范还将作品的规模压缩到那么小？近体诗顶多56个字，最少的甚至只有20个字。是什么样的精神或价值支持这样的形式呢?

有一种解释认为这和科举考试有关。为了考试评卷比较容易，也要有比较客观的标准，所以一边将篇幅缩短，一边制定严格的规范，于是阅卷老师看诗先看是否合乎格律，不合或出格的马上就淘汰，不必再麻烦评等第高下。在都合格律的作品中，又很容易分出运用声调和对仗的本事。最后，就算是格律无法分辨优劣的作品，需要认真阅读评价，那也总共就那么几十个字，花不了太多时间。

刘若愚先生在《中国诗学》中则提到了这种形式应该和佛教，尤其是禅宗的信念有关，追求瞬时间的领悟，并且动用美感来作为领悟的刺激与指引，类似西方短篇小说在美学上讲究的 epiphany，灵光乍现的片刻，这只能通过短的篇幅、戛然而止所制造的余韵效果来达成。

有外在的影响，也有内在的原因，造成了唐诗这种特殊的形式，同时也就相应产生了唐诗的独特风格与精神。例如，因为短小、有规律，所以唐诗所需的技巧能力远超过表达天分。熟悉了规律，任何人都能依循规律写出像模像样的诗来。而且因为短小精巧，所以不必有太高的天分，也不需长期累积的琢磨经验，很多人都有机会写出好作品来。今天留下来的《全唐诗》，是 1705 年编纂完成的，距离唐朝结束（907 年），已经将近 800 年了，却还能收集到 48 000 多首，更惊人的数字是有 2200 多位作者。依此设想，原本唐朝时有几万人写诗，写下上百万首诗，应该不为过吧！

日本弘法大师空海在中唐贞元年间到中国访问，搜集了资料后，回到日本写了一本很有意思的书，叫《文镜秘府论》，内容讲的都是作诗的方法，从他刻意选择的书名衍伸，我们可以说这是一本写诗的武功秘籍，你只要有了，里面会从四声八病开始教，升级到“十体”“六艺”“八阶”“六志”“九意”，然后练好对仗的种种把式“二十九种对”（从“四对”“八对”，增加到“二十九种对”了），再认真检验所写的有没有落入“文二十八种病”或“文笔十病”中……

会有这样的书，是因为当时写诗与其说是文学艺术，毋宁说更接近一门武功。要掌握方法，要反复练习，于是也就有专门提供秘诀捷径的各种参考书了。另一本重要的参考书是《佩文韵府》，书名中也有“府”，表示是个大仓库，可以在里面找到很多东西。《佩文韵府》和《全唐诗》都是清康熙朝完成的，里面收录了19 000多个汉字，是按照写诗时所需讲究的“韵”排列的，而且在每个字底下罗列了和这个字相关的众多典故。这是写诗时不可或缺的书，选了什么韵，可以用什么字，有哪些典故可以用这个字来缩写表达，通通都可以查到，一边翻书一边写诗，那就省事多了。《佩文韵府》虽然是清初编成的，但类似的这种为了写诗而编的字书、韵书，早在宋代就有了。

近体诗是反自然、反直觉、讲究功夫的。李白才气纵横，他就几乎不写近体诗，在近体诗已经流行的时代，他最拿手、最自在的形式，却还是古诗，甚至写了很多复古的乐府。白居易是另一个具备高度开创性的诗人，他也反对近体诗，有意识地恢复比较自由的歌行体，他最有名也最成功的两首作品，一首是《长恨歌》，一首是《琵琶行》，那样的形式才让他得以挥洒。

而杜甫之所以伟大，就在于他竟然能够在近体诗的狭小逼仄空间里，优游恣意地创作。他最擅长的是七律，他在律诗中创造出多少横空而来、不可思议的对句，蔚为奇观。不过即使在近体诗上有那么高的成就，杜甫部分最好、最感人的作品，还是离开了近体诗的严格约束，以古诗或歌行的方式写成的。

06

唐诗“为文造情”，诗的功能和精神有巨大发展

诗愈写愈短，而且愈写愈工整，使得诗的功能、精神有了巨大的反转。这样的诗当然完全不适合说故事，也很难记录经验来历，甚至无法表达复杂的感情。

如此，诗就离开了“为情造文”的功能——为了抒发情绪，或为了表达道理，或为了说故事，所以去创造一种相应的形式来予以配合。例如像东汉时的《孔雀东南飞》，诗的长篇形制是为了配合苦命女子的哀怨故事而产生的。将她的生命来历娓娓道来，才能彰显在婚姻中所受的委屈。故事为什么要写成诗？因为诗的内在声音性使其好听、容易记诵，让人更愿意聆听、同情这个故事，也可以让这个故事流传更广。

然而到了唐代的近体诗，格律如此严谨，那就不太可能有什么

感受、经验、思想，更不要说故事刚好适合用这样的形式来表现了。于是创作上的程序就必然倒过来了，变成“为文造情”，必须刻意去寻找适合这种严格形式的内容才能放进去。

要找什么样的内容呢？逐渐地近体诗在体裁的规范上有了相应的内容要求。我们可以用其他文化中短小形制文类的对比来掌握近体诗的特质。日本的诗歌传统中，最短小的，是短到只能容纳17个音，而且规定要按照“五—七—五”三段安排的俳句。稍微长一点的短歌，也只有37个音。这样的诗怎么写？基本上很像肖邦的《前奏曲》。肖邦创作《前奏曲》时，这个曲式已经存在了上百年，绝对不是新的，然而在此之前，前奏曲就真的是前奏，意思既然是前导，那么一定有别的曲子跟在后面。巴赫写的前奏曲，有时候后面接着赋格曲，有时候更是连上一串不同的舞曲，成为一套组曲。

但肖邦偏偏写了24首前奏曲放在一起，每一首前奏后面都没有其他乐曲。这太奇怪了，甚至是太不合道理了！然而，这就成了肖邦了不起的创造。他说这是个开头，应该引领出后面的主体，但你只能听到开头。或说肖邦只负责给你开头，后面的你可以自己去想象，你必须自己去想象。

俳句或短歌的精神也是如此。短短的内容，才开始就戛然而止，诱引读诗的人好奇后面应该还要接什么，还要有什么变化或发展，但诗人不说了，留下很长的余韵，给读者很大的想象空间。

然而中国的近体诗不是独立的前奏曲，也不是俳句。即便是短到只有20个字的五言绝句，也要求应该是一个具体而微的完整小宇宙，小而完足。这样的要求还必须在严格的音韵规律中有限选字的条件下完成。西方诗学传统中在音韵上最严格的当属商籁体（sonnet），或译作“十四行诗”。虽然大部分商籁体诗都只有十四行，但倒过来却绝对不成立，并不是只要将诗写成十四行就是商籁体。真正的关键在于商籁体的特殊“步韵”要求，一行诗总共有几个音节，重音必须有几个、放在什么地方。那么严格要求声音，在篇幅上就至少有十四行，有比较大的铺陈、挥洒空间。

07

对唐人来说，重要的是文字本身的审美

到今天，全国任何一个城市，恐怕都找不出十个人能够写完全合律的近体诗了。大部分的作品都属于“打油诗”，意思是只是凑成了四句或八句的表面格式，但平仄音韵上没有严格遵照规则来。近体诗那么难写，然而唐代竟然可以有几万人具备这样的能力！

这表示那个时代因应诗的体裁，培养打造出一种特殊的情感结构，支撑了这样的文体，也就是前面所说的“为文造情”。如果没有这种特殊的感情打入那个社会，近体诗不可能那么受欢迎，得到热烈的创作和阅读上的集体拥抱。这样的情感结构大致有几个重点。

首先是对文字的高度重视，甚至高度崇拜。文字不是单纯的工具，是为了承载意义。用庄子的比喻，文字是抓鱼的渔网，意义是要抓鱼，所以应该“得鱼忘筌”，抓到了鱼就可以将渔网放一边去了。但唐朝人的文字观不是这样。文字本身是目的而不是手段，具备高度的美感。读一首诗同时在做两件事：一是体会文字意象与声音所形成的美感秩序，二是读文字所要表达的意义或经验。而且这两者显然是不对等的，对唐人来说前者比后者更重要、更根本。诗中可以没有太多意义或经验，却不能不呈现音韵对仗的构成。有音韵和对仗，诗才能成立。

其次，唐诗所要创造的是“尺幅江山”，是微型世界，所以就必须讲究浓缩的技巧，要把不同的感官感受都写进去，那样呈现出来的才会让人觉得完整。也就是一首诗要有视觉、听觉、触觉，还要有当下现实与记忆怀想或恒常不变现象之间的对应、堆栈。

再次，这样的形式不适合叙述，在其美学标准上自然有一种“反叙述”，至少是“非叙述”的倾向。唐代之前的《古诗十九首》中有这样的诗：

冉冉孤生竹，结根泰山阿。与君为新婚，菟丝附女萝。菟丝生有时，夫妇会有宜。千里远结婚，悠悠隔山陂。思君令人老，轩车来何迟。伤彼蕙兰花，含英扬光辉。过时而不采，将随秋草萎。君亮执高节，贱妾亦何为！

一枝孤零零无所依傍的竹子，长在泰山山脚下。相对于那孤单的竹子，我和你新近结婚了，就像菟丝得以依附在女萝上。菟丝有生长的季节，夫妻也有应该见面的时刻。但我们两人相隔很远，甚至隔着一座山。想念你想到让我都老了，为什么载你来的车总是姗姗来迟啊！那些盛开的漂亮的蕙兰花，内蕴和外显都有光泽，但替这样的花难过呢，如果在最佳状态下没有采摘，时候过了就随着秋草枯萎了。你有远大志向、辉煌前程，我除了在这里傻傻地等，还能怎么样呢？

柯庆明先生形容这首诗有一份“素美”，因为话以很质朴的方式说出来，表现出很直接也很真诚的情感。“与君为新婚，菟丝附女萝”，“千里远结婚，悠悠隔山陂”都是平淡直叙的语气，顶多添加一点很容易理解的比喻。这样的表达方式必须有一种相对缓慢的节奏，一句一句拉开来说，需要多少句就用多少句，才有可能传达那样的“素美”。

如果用中国传统诗学的观念来解释，那主要是“赋”，加上一些“比”，“与君为新婚，菟丝附女萝”，前句是“赋”，后句是“比”。但“赋”和“比”着重讲话讲清楚，就会需要较多的篇幅。唐诗中要简省，就必须多运用“兴”的手法。清代李重华在《贞一斋诗说》中讲解得很精到：

> 兴之为意，是诗家大半得力处。无端说一件鸟兽草木，不明指天时而天时恍在其中；不显言地境而地境宛在其中；且不实说人事而人事已隐约流露其中。故有兴而诗之神理全具也。

写诗要靠“兴”法。什么是“兴”呢？像是没有特别理由，没有什么铺陈，就说了一个自然现象，也就是没有前后因果说明，让读者自己去联想这自然现象和人事、人情有什么关系，诗人不必明讲、不必解释，借由挑起读者的好奇想象，让读者自己补足没有说的部分。这是一种最为简省的写法。

李重华举了一个《论语》中的例子："子在川上曰：逝者如斯夫！不舍昼夜。"

孔子在桥上或在岸上，看着流水感叹说："哎呀，时间就像这样，不分白天或黑夜，从不停止地流逝。"这是"赋"，将感情直接地说出来。

对于时间的感慨，到了唐朝诗人的笔下就成了："君不见黄河之水天上来，奔流到海不复回。"这就是无端地去讲一个自然的现象，黄河浩荡的流水轰然庞然到让人错以为是从天上流泻下来的。后面接的是："君不见，高堂明镜悲白发，朝如青丝暮成雪。"用一件人事和前面的自然现象并列起来，没有多费唇舌解释"黄河之水"和"白发"之间有什么关系，我们就自然体会到类似"子在川上"那种借由流水感受时间流逝的伤怀。

08

为什么唐诗通常没有主语？

唐诗另一个精神重点，在于它是扩张的，创造出一种向外而非向内的方向性。唐诗中虽然有诗人，有人物在那里，却不是讲自己，不是用诗来描写、抒发特定的属于自我的情感。前面所引的《冉冉孤生竹》诗中，说的就是那个特定的思念、等待远方丈夫的妇人的情感。然而唐诗基本上不这么写，要将源自个人的情感不断向外推，和似乎不相关的事物产生关系。诗不会停留在个人身上。而制造这种扩张效果最好的助力，就是自然。

唐诗之所以给我们开阔之感，是因为总是有自然穿插其间。而且唐诗中基本上是找不到主语的。我们知道诗是诗人写的，但我们很难确定诗中描述的就是诗人的经验或体会。最简单的诗如："春眠不觉晓，处处闻啼鸟。夜来风雨声，花落知多少。"诗中完全没有“我”，而且最后收在“不知”上，跳出了主观，写外于经验的、无法从风雨的听觉感官中去感知的众花之落。

中文古文中原本就很少用“我”，主语除非绝对必要，惯常会被省略。这种文法习惯还保留在受中国古文影响的日文里。以前学日文时交上去的造句作业，发回来时就看到老师很尽职地划掉了几乎我写的每一个わたし或ぼく。日本人讲话和写字，没有那么多“我”的。现代中文相对就有好多“我”，好像没有用“我”开头就不知道该怎么说、怎么写了。

古文中这种省略主语，或者说文法上不标明主客的做法，在唐诗中发挥得淋漓尽致，从文法上的作用推展到了感受上的作用。没有明确的主语，就使得诗中所写的具备了暧昧的普遍性。好像说的是我的经验，却又因为没有主语“我”，而让诗中的经验推扩出去，成为大家的共同经验。“姑苏城外寒山寺，夜半钟声到客船”，那就不只是这个夜晚我所在的这艘船停泊在姑苏城外刚好听到寒山寺传来的钟声。推扩出去，这是每个离家在外的人，居停在飘摇的船上，深夜不经意听到古寺钟声，都必定会有的幽幽凄凄之感。

孟浩然的《宿建德江》，标题上指明的是一个特定的夜晚，停留在一个特定的地方，然而诗的写法却消解了这种有我的确定之境。

移舟泊烟渚，日暮客愁新。野旷天低树，江清月近人。

前面两句是有事的，描述了在移动之中到达了新的地方停船，而之所以停船是为了要过夜，时间上就是日将要落的当口，那样的黄昏情景使得本来以为自己已经习惯行旅的人，突然又生出新的伤感来。

然后后面两句，这个事主似乎消失不见了，只剩下自然景观——野、天、江、月。这种笔法就是李重华说的“无端说一件鸟兽草木”。但真的是“无端”吗？我们仔细看一下诗中写景的方式。

四周很开阔，没有遮障，水平的开放感觉影响了人的垂直意识，以至于似乎错觉天竟然比树低。江水非常清澈，月光映在水上，不只天上有月，水中也有月，月因此和人格外亲近。

这不是真正客观的，必须是经过了主观的改造，才会有“天低树”“月近人”，其实那个停泊在烟渚上的事主还在啊！然而诗用这种方式写，让我们很容易跳过他，好像自己也看到那样的特殊景象。这就是唐诗中主客混同或主客交融的效果。

09

王维《鸟鸣涧》和杜甫《旅夜书怀》中的人与自然

再看大家熟悉的这首王维的诗《鸟鸣涧》：

人闲桂花落，夜静春山空。月出惊山鸟，时鸣春涧中。

还是只有短短的二十字，和上一首诗相比，有人的地方更少了，只有第一句的“人闲桂花落”，而且即使在这一句里，人也是有点牵强的存在，像是硬加进去的。“桂花落”是自然现象啊，花开了，到时候自然落下来，跟人有什么关系？桂花落不落绝对不会管人闲还是不闲。

重点是要用“桂花落”来凸显“人闲”。主观上的闲要有客观的呼应，怎么感觉到闲？又闲到什么程度呢？闲到甚至会注意到桂花落了。一般正常状态下，花落归花落，不会在落的当下被人察觉，因而感受到花落的同时，也意识到自己真的好闲啊！

从这个角度看，其实后面的内容就都和“闲”有关。平常我们会听到声音，注意到声音，却只有闲的时候，才会察觉无声的“夜静”，静到什么程度呢？一下子让你以为好像春天的整座山都空无一物，自己身处在虚空中。那种简直令人屏息的纯静空无状态，只有在月亮出来的瞬间，月光惊动了山里的鸟，传来鸟在山涧中不时啼叫的声音。

更细一层看，这里写出了复杂的听觉辩证。月出是无声，仍然在“夜静”的状态中，在某个微妙的霎时，鸟儿被月色惊动了，开始啼叫，听见了鸟声，于是想象了鸟是在山中叫的，进而也就听见了山涧的声音。山涧不可能也是这时候才开始有流水之声的吧？这也就修正补充了前面“夜静”的性质。“夜静”不是真的完全无声，而是如同庄子所说的“天籁”，那种大自然规律不变的气息，让我们感到如此习惯，以至于“听而不闻”，在自然中被自然消解了，剩下空无的感觉。直到鸟叫，我们才恢复听见了属于自然规律的山涧声。

再看杜甫的《旅夜书怀》：

细草微风岸，危樯独夜舟。星垂平野阔，月涌大江流。名岂文章著，官应老病休。飘飘何所似？天地一沙鸥。

这首律诗在内容分配上极为规整，第一句是自然，第二句是人，第三、第四句组成的“颔联”又是自然，第五、第六句组成的“颈联”就换成人，第七句问人的处境像什么，第八句又用自然做比喻来回答。

描写的情景和孟浩然的诗很类似，旅人停船在河岸边的夜晚。孟浩然说“野旷天低树”，杜甫说“星垂平野阔”，感受的顺序倒过来了，因为看到满天星斗好像都要垂到地上了，所以特别意识到和星空一样广阔的田野。孟浩然说“江清月近人”，杜甫说“月涌大江流”，江水滔滔，起伏流动，投映在上面的月光被带着都变成动态的了，好像要从江水间踊跃上来了。这都是经过主观改造的景色，但却用如同客观的笔法写出。

再下来的内容，就属于杜甫独特的风格了，在那样的主客情境刺激下，格外感叹自身的状态。和广阔的自然相比，自己如此渺小且琐碎，写了一辈子的文章，连像样的文名都没有换到，做官也已经做到了头，又老又病，还能有什么发展呢？这样抱怨之后，忍不住问：如此飘摇的身世与生命，到底像什么啊？这本来是一个修辞问题（rhetorical question），不是真的要求答案，而是问题本身就表达了立场，为自己感到悲哀，但接着在最后一句中，杜甫神来一笔，偏偏给了不求答案的问句一个了不起的回答，一下子逆转了诗的情绪。

我的人生啊，像一只飞在广阔田野、涌动月光之上的沙鸥。从孤独的旅夜开头，中间感叹自己一下子老了，还没能得到所追求的成就，导向带有悲凉意味的一问：“飘飘何所似”？然而杜甫终结此诗给的答案不是如蓬草般的飘荡，而是鸥鸟般的飘荡，于是

“星垂平野阔，月涌大江流”两句的自然描述，顿时有了不同意义，让我们察觉感受到那样有星有月的景象，都和天空有关，是开阔而不是紧缩的视野，意境与意趣全然改变了。

精彩之处仍然在于没有绝对的主观，也没有绝对的客观，主客一直不停互动，彼此影响，彼此定义。

10

写诗难，为什么唐朝还有那么多诗人和好诗？

美国汉学家宇文所安曾经分析过中国诗里的月光，不同时代其作用与意义一直在改变。汉诗里向外看见月光一定回身想到自己，也往往都是因为自己的心事才会去看月亮。唐诗呢？看月亮不是为了想自己，而是借由向外看月亮将自身无法解决的事投射过去，要么帮助人分心遗忘，要么借此得到专注想人事时无法得到的开通，解开原有的纠缠。杜甫的诗里当月光和沙鸥联系起来，就解开了原本的诗意郁结，是很典型的例子。

到了宋诗，月光又不一样了，代表着种种神秘作用，具备人无法控制也无法理解的魔幻力量，象征着超越人世的某种境域。

再举一首李颀的诗，来说明唐诗情感结构上的开阔性，诗的标题是《送陈章甫》：

陈侯立身何坦荡，虬须虎眉仍大颡。腹中贮书一万卷，不肯低头在草莽。东门酤酒饮我曹，心轻万事皆鸿毛。醉卧不知白日暮，有时空望孤云高。

这位陈章甫为人坦荡，留着大胡子，眉毛粗，嗓门也大。但他绝对不是个大老粗，读了很多书，有读书人的见识与修养，而且胸怀宽广，对什么事都不会大惊小怪。用这种方式直叙了性情之后，诗结在和自然有关的句子上。这样的人过什么样的日子呢？就算白天也会喝醉酒睡着了，睡到不知道天黑。至于清醒的时候呢？那就无所事事地看着天空的一朵高高的孤云，那才是他真正认同的对象。

这是一种意境，也是唐人借由诗表达的一种不现实、不世故的理想。为什么那么难的形式，在唐朝有那么多人创作，而且可以写得那么好？一个原因是唐人有着适合放在近体诗的架构下去发挥、表达的情感结构，两者相陪衬，有这样的文体，随之“为文造情”，有了这样的感情形态。

因而唐诗不是一首一首独立存在的，它们不只有共同的规律，而且从中生出了许多共同的习套。唐人有意识地将这些套路运用于诗中，这又是之前六朝诗里没有的一种现象。要写诗之前，先要读很多诗，知道诗是怎么写的，更进一步，写诗时脑袋里经常有别人写过的某种诗甚至某首诗，产生了一种对话关系，也许更接近单向的回应或评论。没读过够多的诗，是无法有累积的经验和能力来写诗的。而既然读了那么多诗，自己写出的作品也就必然有意无意地进入了这些诗所构成的集体意义世界里了。

唐人写诗有了“步韵”的做法。那就是将别人写过的诗拿过来，照抄他用的每一个押韵的字，有时甚至是每一个句尾的字，然后作出一首诗来。这是技术上也是精神上的模仿。唐代为什么有那么多诗人写了那么多诗？因为诗与诗之间存在着系统性的互文关系（intertextuality）。

如果读《全唐诗》而不是读《唐诗三百首》，那就会清楚：绝大部分的唐诗是在一个彼此呼应的结构底下产生的。不只是规则一样，不只是句法很像，那是一种有意识来呼应别人的诗、映衬别人的诗——已经存在或尚未存在的诗——的书写。诗人与诗人之间固然会有竞争关系，但那不是核心，在这种形式下默契地共同完成诗的集体，这种精神才是核心。这是我们如果习惯个别地去读诗，就不容易察觉理解的特性。

诗在那个时代是一种联结文人集团的工具，也是使得这群人得以具备群体意识的重要渠道。在唐朝，写诗的人是一个特殊的群体，他们不断通过从读别人的诗、学别人的诗、“步韵”别人的诗，到让别人读自己的诗来反复进行密切的精神交流，这是诗不容忽视的巨大功能。

第六讲

重读唐诗（二）

01

隋唐科举考试为什么以诗赋取才?

清康熙年间完成的《全唐诗》一共收录了2200多位作者所写的48 000多首诗，这么庞大的文本资料，要如何读起呢?

首先来了解一下这些数字的意义。那个时代诗人很多。《全唐诗》不是在唐朝刚结束时，一切资料都还齐备存在的时候编辑的，而是在将近800年后整理的，显然很多资料都散佚消失了，却还能搜集到那么多诗人的作品。另外要考虑到唐代人口中还有很高的文盲比例，去除掉根本不会和文字阅读有任何关系的大多数人，这个数字就更加惊人了。

为什么这么多人写诗?最简单的解释是，因为写诗和科举考试有关。唐代"以诗赋取才"，会写诗的人在考试中容易出人头地。但再追问一下，为什么要考写诗呢?为什么不是考别的项目、检验别的能力，偏偏重视写诗的能力？

科举最早是在隋代设立的。从北方来的杨氏政权灭亡了南方的陈朝，统一了天下，然而统一之后掌握大权的隋炀帝却被南方文化强烈吸引，喜好、羡慕南方的文化。隋炀帝开运河、南巡，不只是要更方便接近南方，去体会南方的气氛，更重要的是在他心中将南方视为文化正统。他会特别意识、特别注意到南北差异。最大的差异之一，就在于南方诗学发展上领先北方。尽管后来初唐的一些文人像陈子昂瞧不起南朝侈丽的诗风，才在反对《玉台新咏》那样的风格上创建了新的唐诗传统，不过那样的东西却是隋炀帝所喜好、羡慕的。

北方人写不出这种诗来，以这种诗的标准来看，北方人不会写诗。尤其关键的是，北方世族家风教育强调的是“礼学”，他们不会写这种诗。南方的诗透露出的颓废、情欲、奢靡正好反“礼学”的要求，于是诗就呈现为具有高度南方特色，甚至代表南方文化正统的形式。

之所以要建立科举制度，就是为了摆脱世族对于人才的垄断，让朝廷可以在世族子弟之外，找到新的、不同的人才来运用。不同之处就在“诗”。科举一开始，诗就成为考试的项目，有些科要考诗，有些科不考，到后来考诗的就愈来愈重要，不考诗的地位相形下降。这样的变化起伏，和六朝的世族政治仍然有关。新时代的朝廷要找的，是和旧世族有同等教养，却又不会依靠旧世族势力而会听从、服务朝廷的人。如果你能写诗，诗写得够好，那你身上有了让北方世族都羡慕的教养，可以和他们平起平坐，却又显然不属于他们，可以得到朝廷的信任。

于是写诗就成了社会向上流动的一项关键能力，鼓励了许多人努力学写诗，靠写诗来出人头地。

02

全民写诗造成了哪些影响？

科举“进士”科愈来愈重要，由此得到的身份能够和贵族世家平起平坐，还有一个理由，即因为写诗比写文章困难。要掌握“明经”科考题，在考试中写出好答案，所需花费的努力及时间，比不上应“进士”考时所需的诗赋能力。

为什么会这样？就是因为和考试有关的近体诗发展出愈来愈严格，也愈来愈难熟练掌握的要求。近体诗不只是短，而且规定就那么四句或八句，排除了在考试中有人写十句有人写三百句，因规模不同所带来的评断困扰。没得商量，如果你写的不是四句、八句，那就根本连被评分的资格都没有。

如此产生了一个客观框架。在这个框架里，接着就看应考的人能不能“平仄虚实”，“平仄”指的是声音上的抑扬顿挫，“虚实”指的是字义上的对仗。这都是有规定的，而且很容易犯错的，稍有犯错，或运用得没那么熟练，也就立刻被淘汰了。光是掌握这些规律，能够灵活运用而不犯错，就需要很长的时间，还需要一定的天分，不是每个人都学得来、学得好的。

设了这样的门槛，降低了诗赋取士的主观任意性，也就在社会上制造了连环反应。科举让本来没有机会进入官僚体制，无法在这里向上流动的家庭得到了机会。他们就有了高度动机让子弟进学识字，毕竟识字是这一切的起点。因此唐代社会的识字率明显高于之前的六朝。

识字是为了个人及家庭的向上流动，有很明确的目标，所以一定要导向学诗。有那么多人学诗，进而又对诗的性质产生了影响。在原来的贵族世家集团之外，逐渐产生了一个新的社会阶层，是以写不写诗、会不会写诗来界定的。在这个阶层内验证、肯定集团属性的方式，当然就是写诗。因而书信往来要写诗，庆贺伤悼要写诗，送别迎远要写诗，宴客喝酒要写诗……诗的功能扩大了，写诗的场合多了，大家练习写诗的机会多了，当然写出来的诗的数量随之暴增。

在这种集体环境里，环境就制造了许多可以写诗、必须写诗的原因，有很多练习写诗、观摩读诗的机会，也就更能将诗写好写精。没有能进入这种生活形态圈里或徘徊在圈子外围的，不管自己多么努力，都很难将诗写好，更难让自己的诗得到注意与评价。

诗原本是从六朝贵族文化中来的。六朝诗人的身份很单纯，他们的出身都差不多，都是世家贵族。六朝诗中陶渊明有特殊的地位，一部分就在于他的身份和谢灵运他们那些人不一样。他不求官，不经营庄园，真正住在农家之间，这都不是世家身份的其他诗人所拥有的生活经验。

唐代在这方面相对就驳杂多了。因为是科举必考，于是许多不具备世家贵族身份的人都来学写诗，诗人的社会成分就变得多元了。而且这种诗人集团的互相影响，使得诗所承载的内容向社会开放。这样的诗人当然就不可能继续写《玉台新咏》那种宫体诗，那种因为生命经验封闭有限所产生的华丽浮夸美学标准也就必然被扬弃了。诗所反映的经验多元化了，诗的语言也随之多元化。

在这里就产生了一个矛盾：一方面诗的领域不断扩张、不断多元化，另一方面产生扩张、多元化的动力又来自科举，也就必须在考试所需的严格规律中进行诗的创作。一边是开放伸展的，一边是收束限制的，中间有了强烈的紧张。而这份紧张，也就刺激催生了唐诗最大的活力。

03

从李白、杜甫读体量庞大的《全唐诗》

了解了《全唐诗》数字的意义，再回来讨论数量庞大的唐诗要怎么读。一个平庸的答案似乎仍然是最好的答案，那就是：从最好的读起，从李白、杜甫这样第一流的诗人的诗作读起。

不只是从文学欣赏的角度，从历史的认识理解角度，也应该从李白、杜甫讲起。以李白、杜甫为唐诗的核心，就能够帮我们整理唐诗的系谱，对于唐诗的来历与变化，可以发挥彰显归位的作用。

先说李白。今天留下来的《李太白全集》收录了1000多首诗，其中只有100多首——差不多占一成——是近体诗。他一生主要的诗作不是唐代所流行的绝句、律诗。这样的现象，一部分源自他的个性与他的风格，另一部分则是和他所处的时代有关。

李白出生于701年，也就是盛唐正要展开之际。他是个天才型的创作者，很早就崭露头角，所以他开始写诗时，近体诗还很新鲜。从李白身上我们看到的是他和初唐的联结。在诗史上，初唐最重要的意义就在于近体诗形式的确立。

一般说到初唐文坛，习惯上会提到“初唐四杰”——王勃、杨炯、卢照邻、骆宾王，不过除了这四个人之外，我们还应该认识沈佺期、宋之问和上官仪。这几个人专精于格律，在订定形式上影响最大。

上官仪整理过“六对”“八对”，在初唐将对仗规则固定下来。“六对”指的是“正名对”“同类对”“连珠对”“双声对”“叠韵对”“双拟对”。

“天”对“地”，“日”对“星”，这是最简单也最基本的“正名对”。进阶一点的，是“花叶”对“草芽”，这是“同类对”。模拟风声的“赫赫”对模拟叶落声音的“萧萧”，这是“连珠对”，而且风吹和叶落又有意义上的因果关系。“绿柳”对“黄淮”，前面两个字都是l音，后面两个字都是h音，这是“双声对”，也就是有着同样声母的意思。有着同样韵母的，像“放旷”对“徬徨”，就是“叠韵对”。还有“春树春花”对“夏荷夏夜”，分成两组对在一起，就是“双拟对”。

“六对”之外另有“八对”，其中有些是重复的，不同的有“异类对”“回文对”“隔句对”。“风织池间字”，风吹过池水，水上波纹像是写字一般，对上“虫穿草上文”，虫穿过小草之间，仿佛是笔在纸上写文章似的，这是“异类对”。“情新因意得”，因为心意相同，所以感情就不会变老，对上“意得遂情新”，同样的字句绕回来形成对子，叫“回文对”。还有“相思复相忆，夜夜泪沾衣”，这两句并没有对仗，但接下去两句：“空叹复空泣，朝朝君未归”，“相思复相忆”和“空叹复空泣”对上了，“夜夜泪沾衣”对上了“朝朝君未归”，这叫作“隔句对”。

如此，对仗形成了正式的规律，而且开启了将对仗分类，进一步探索各种对仗方式的风气，使得诗中的对仗愈来愈讲究、愈来愈复杂。宋之问和沈佺期则是在声音方面做了同样的整理归类，使得诗中的平仄分布方式愈来愈讲究、愈来愈复杂。

04

初唐诗的探索
——诗如何跟现实生活保持距离

从作品上看，初唐特别值得一提的诗人是王梵志。《桂苑丛谈》中记录他是卫州黎阳人。隋朝时，黎阳城东十五里有一个叫王德祖的人，家中有一棵苹果树，树上生了一个树瘤，大如斗，经过三年瘤朽坏了，王德祖将树瘤的皮剥开，里面竟然有一个婴孩！他将婴儿抱出来养，养到七岁孩子才会说话，开口说的第一句话是问王德祖："谁养我？""是我养你的，我叫王德祖。"所以这个孩子就跟着他姓王，因为是从树里生出来的，不是一般人，原本取名叫"梵天"，后来改为"梵志"。

这当然是神话。不过会有这种神话留下来，说明他在那个时代是有影响力的。后来近体诗流行了，文人写的诗有了固定的美学标准，王梵志的诗就不受重视了，一直到胡适写《白话文学史》

时才特别钩沉介绍他。

吾有十亩田，种在南山坡。青松四五树，绿豆两三窠。热即池中浴，凉便岸上歌。遨游自取足，谁能奈我何？

这是非常纯朴、非常白话的作品，基本上按照近体诗规则写，但完全没有文人气，对仗都很粗浅，像是出自初学者之笔。真正重要的，是诗中彻底摆脱了六朝宫体诗的所有习气，用很不一样的语言来写诗。另外也将诗运用在很不一样的表达上，呈现了一种近乎无赖，以“反道理”的姿态说道理。

世无百年人，强作千年调。打铁作门限，鬼见拍手笑。

“谁能奈我何”是质疑、反抗的调子，“世无百年人，强作千年调”也是。直接点破那些说大道理、恒久道理的人，岂不就像是以为可以用铁打的门来将死亡挡在门外那样可笑吗？人生就那么长的时间，别装作自己能超越这有限的时间去理解永恒。

王梵志代表了初唐诗的发展，诗容纳了不同的人用不同的语言来表达不同的观念，扩张了诗的领域。同为这个发展代表的，还有王绩。他不是树上生的，却像是活在酒桶里。他出生于一个世族家庭，隋代时短暂为官，因为嗜酒被辞退了。隋末大乱，他回到家乡隐居，到唐高祖武德初年，在门下省做个小官。弟弟问他官当得如何，因为觉得他大概难以适应官场环境，没想到他的回答是："这个职位每天可以领良酒三升，不错不错！"后来升了官，增加到一天一斗酒，那就更是不错了，人家称他为"斗酒学士"。

太宗即位之后，王绩又不想当官了，回到家里待着，后来穷不过，只好再找工作。当时朝廷有太乐，专门负责管理音乐的，王绩听说太乐署史焦革很会酿酒，就千方百计想进那个衙门去。请托了半天，终于能进去做个小助手，他高兴得不得了。然而上任后没多久，焦革就死了，王绩大受打击。还好焦革的遗孀袁氏同情他，仍然将焦革酿的酒给他喝。再过一阵子，袁氏竟也死了，王绩大叹："天不许我喝好酒！"就回家再也不入朝了。

王绩除了写诗之外，还留下了一部《酒经》，里面就记录了焦革酿酒的方法。另外还有一部《酒谱》，将他知道的过去爱喝酒、会喝酒的人列出一个系谱来。他还会到处去立杜康庙，去拜中国最有名的这位酒神。他还有一篇文章叫《醉乡记》，那等于是对于他心中理想世界的描述。他的诗当然少不了讲酒的：

阮籍醒时少，陶潜醉日多。百年何足度，乘兴且长歌。（《醉后》）

此日长昏饮，非关养性灵。眼看人尽醉，何忍独为醒。（《过酒家》五首之一）

浮生知几日，无状逐空名。不如多酿酒，时向竹林倾。（《独酌》）

先从系谱里找了两个人，都是写诗又爱喝酒的。阮籍曾经大醉83天，说他“醒时少”不算夸张；陶渊明诗中有很多说自己醉的，的确是“醉日多”。人生就只有短短不到百年，趁着高兴就唱歌吧！然后他给了一个有趣的翻案说法，为什么要喝那么多酒，喝到经常浑浑噩噩的？实在是因为世人都醉了啊，不忍心只有自己神志清醒。如果不是都醉了，怎么会明明活着不过就那么些时间，却莫名其妙地去追求浮泛的名声，这不会是清醒的人会做的吧？追求空名多么无聊无妄啊，与其那样，还不如将时间、精力花在多酿一些酒，就算自己喝不完拿去倒在竹林里，也比较有意思吧！

王绩的影响也很大，他有效地用诗来表达了一种离俗、纵乐的态度。诗正因为形制短小，所以不能也不应该用来表达一般的、正常的、平凡的经验或情感。放进诗里的内容应该是离俗的、不凡的。

05

王维承袭初唐诗歌精神

有一个诗人明确受到王绩的影响，就是王维。王维最好的诗，几乎都是五言的，很少有七言的，而且诗中传递的信息，和王绩一样，都是关于人如何离开现实，或和现实保持距离的。

王维的诗《终南别业》：

中岁颇好道，晚家南山陲。兴来每独往，胜事空自知。行到水穷处，坐看云起时。偶然值林叟，谈笑无还期。

中年以后喜欢修道、学道，所以搬到南山边去住，当有什么样的想法或什么样的感觉，就一个人到山里面去。重要的是这句“胜事空自知”，通常读这首诗的人很少会将这句话认真看待，因为后面的句子更广为人知。

“胜事空自知”意思是说当我一个人的时候，碰到好多了不起的事。我碰到这些了不起的事，但是只有我一个人知道。接着是大家最熟悉的那两句——“行到水穷处，坐看云起时”，这是王维在解释他遇到了什么“胜事”。关键就在他所遇到的，是走到水泉源头，坐在那里看着，就在那个时候，山后头或山上，云浮起来了。

这不是我们一般人认为的了不起的事。但对他来说，从他的心境独特标准来看，这多么了不起！只有他知道，只有他能体会，就算想跟别人说，人家也不理解，所以是“空自知”。

这首诗最了不起的地方在于呈现了什么是“独处”，因为独处，你才有“胜事空自知”的那种境界。

重点是你自己选择了，或者你自己有一个标准，决定在你的经验里什么是“胜事”，什么事情是重要的，什么事情是了不起的。这些东西甚至不可能去告诉别人，或者换另外一个角度来看，值得告诉别人。

结联的“偶然值林叟，谈笑无还期”表示，正因为你有这样一种经过独处而来的、自己认为了不起的事情的标准，你这个人才足够丰富，才足够有资源，才能够去跟人讲话，跟人家说我看到了什么，我体会了什么，才能滔滔不绝地讲，才会跟一个林叟讲到“谈笑无还期”，忘记要回家了。

还有：

空山不见人，但闻人语响。返景入深林，复照青苔上。

这首诗选择了很奇特的角度来写山景，不是写人如何进入山中、如何体会山，而是相反地，着重表现人如何离开、如何消失，人消失了，让大自然现形。

木末芙蓉花，山中发红萼。涧户寂无人，纷纷开且落。

或：

人闲桂花落，夜静春山空。月出惊山鸟，时鸣春涧中。

描写的都是人如何在大自然中失去了人的意识，身在那里，作为人的自我意识却消失了，于是才能去体会“无人之境”的美与乐趣。短短的诗要显露、呈现的，就是这份吊诡，“不见人”“寂无人”的自然多么美好。

王维有一篇很有名的文章，用书信体写成的《山中与裴秀才迪书》：

夜登华子冈，辋水沦涟，与月上下。寒山远火，明灭林外。深巷寒犬，吠声如豹。村墟夜舂，复与疏钟相间。此时独坐，僮仆静默。多思曩昔，携手赋诗，步仄径，临清流也。当待春中，草木蔓发，春山可望，轻鲦出水，白鸥矫翼，露湿青皋，麦陇朝雏，斯之不远，倘能从我游乎？

文中设定的，仍然是和人间有相当距离的情境，“独”和“静”是必要的条件，然后才能恣意地呼唤出过去的记忆。记忆之所以美好，因为都是自然，两个人由纯粹的自然包围着，是最适合“赋诗”的，相伴处于这种状态，也就代表了友谊的最高阶段。

晚年惟好静，万事不关心。自顾无长策，空知返旧林。松风吹解带，山月照弹琴。君问穷通理，渔歌入浦深。

这首诗的重点仍然在“静”，能够“静”，靠的就是不再理会人间事务，老了看清楚了，自己对处理人间事务实在没什么特别本事，那就回返到自然之间吧。不要再问我什么高深的道理，我能感知的、我有兴趣的，顶多就是传到水浦深处的素朴渔歌而已。

从王绩到王维，再到孟浩然，形成了盛唐诗早期的一种重要风格，诗带人离开琐碎凡俗的人间，去体会自然，将自己解放在自然中。

06

李白写大自然与王维有哪些不同？

孟浩然和王维很接近，他的年纪比王维、李白要大一点。孟浩然的诗里也有很多山林的描述，表现了自然的美好诱惑，不过比起王维，他多了一些人间烟火，主要来自“恃才不得意”的怨气。这种成分也有代表性，毕竟写诗的能力和科考做官有那么密切的关系，也怪不得会写诗、能写诗的人生出怀才不遇的感慨。

孟浩然的《留别王侍御维》：

寂寂竟何待？朝朝空自归。欲寻芳草去，惜与故人违。当路谁相假？知音世所稀。只应守寂寞，还掩故园扉。

他将王维视为知己，对王维抱怨，这样的一个时代，认识我们、了解我们的人太少了。诗的最后把门关了，但那是不情愿的，还在期待有人来敲门，等不到时无奈地说：唉，连好朋友都不在了。

盛唐之诗最特殊之处，就在于树立了一种和世俗生活保持距离的精神。要和世俗保持距离，可以像王维那样隐退，也可以像李白那样雄放。李白也写大自然，借由大自然来对比人世，但他的大自然完全不同于王维所写所感的，而是如“君不见黄河之水天上来，奔流到海不复回”，或

噫吁嚱，危乎高哉！蜀道之难，难于上青天！蚕丛及鱼凫，开国何茫然！尔来四万八千岁，不与秦塞通人烟。西当太白有鸟道，可以横绝峨眉巅。地崩山摧壮士死，然后天梯石栈相钩连。

这当然不是闲适的自然，而是令人惊叹甚至惊恐的自然，因为自然令人害怕的规模，将人拉出了小尺度、小眼光的世俗，在自然面前感受到了人的渺小。

王维要进入自然中，消解人，消解自我；李白却是在面对自然时使人似乎愈变愈小，却不会消失，会一直感受那份震撼、威胁与压服。自然如此雄伟，必须在山崩地裂的巨大力量下牺牲多少人，才终于建起勉强能通过的天梯石栈。而且不只是人过不去，就连鸟和猿猴都望而却步：

上有六龙回日之高标，下有冲波逆折之回川。黄鹤之飞尚不

得过，猿猱欲度愁攀缘。青泥何盘盘，百步九折萦岩峦。扪参历井仰胁息，以手抚膺坐长叹。问君西游何时还？畏途巉岩不可攀。但见悲鸟号古木，雄飞雌从绕林间。又闻子规啼夜月，愁空山。蜀道之难，难于上青天，使人听此凋朱颜。

太高了，黄鹤飞不过去，都是石头，猿猴也找不到可以攀援的地方，能力远不及黄鹤和猿猴的人，就只能坐下来长声叹息了。杜鹃鸟晚上啼叫的声音凄厉，更添哀愁，足可以使人听了就变老，感觉自己入不了蜀，而且就算西行真的入了蜀，大概也就一辈子都没办法再出来了。

连峰去天不盈尺，枯松倒挂倚绝壁。飞湍瀑流争喧豗，砯崖转石万壑雷。其险也如此，嗟尔远道之人胡为乎来哉。剑阁峥嵘而崔嵬。一夫当关，万夫莫开。所守或匪亲，化为狼与豺。朝避猛虎，夕避长蛇。磨牙吮血，杀人如麻。锦城虽云乐，不如早还家。蜀道之难，难于上青天。侧身西望长咨嗟。

像是走到了天上那么高的地方，环顾看到的都是险象，以及不可思议的恐怖声响。这么可怕的经验，无法理解干吗远道来此。到了剑阁又是另一种艰险，那就是出现了会吃人的猛兽长蛇，被杀被吃的人多到数不清了。虽然说以出产蜀锦闻名的成都是个好所在，但真的值得走这么一趟吗？不如早早回家吧，蜀道就有这么难啊！

07

李白：恣意豪放与不守规则

这是李白的雄放，这是李白的自然。李白才气那么高，能写别人连想都想不出来的题材，夸大渲染到这种程度，然而留下的故事说他特别佩服一个人。到了黄鹤楼看到上面有崔颢的诗，李白自认不如，就不另外再写黄鹤楼诗了。

崔颢写了一首什么样的诗，为什么李白如此赞叹喜欢？

昔人已乘黄鹤去，此地空余黄鹤楼。黄鹤一去不复返，白云千载空悠悠。晴川历历汉阳树，芳草萋萋鹦鹉洲。日暮乡关何处是，烟波江上使人愁。

这是一首七言律诗，但从格律上看，是有问题的诗。律诗的中间两联必须严格对仗，而且两联必须讲不同的内容，但我们看崔颢写的：“黄鹤”对“白云”没问题，但“一去”对“千载”就不太对劲了，“去”是动词，“载”在这里的意思指的是“年”，是个名词。好吧，勉强接受从字面上对仗了。但接下来就怎么也说不过去了：“空悠悠”明明有叠字，怎么可以和“不复返”对仗呢？颈联的“历历”不是规规矩矩对了“萋萋”吗，为什么这里叠字没有对叠字？

还有，前面三句中连续出现了三次“黄鹤”。近体诗篇幅短小，特别讲究不能“重字”。总共才56个字的诗，如果你都没办法不重复，找不到不一样的字词来表达，哪算有能力运用中文来写诗呢？如果出现重字，那就是破例，应该有特别的理由，为了制造特殊的效果。最常见的一种效果是“顶真”，故意让前一句的最后一字或最后一词，在后一句的开头重复，如此制造出连环接续的声音效果，也让前后句紧密相连。但崔颢的三次“黄鹤”，没有这样的道理。

这正表现了崔颢、李白这个时期，虽然进入了盛唐，但初唐风习未远；另外，表现了李白是个不愿受格律拘束的人。他之所以欣赏崔颢，就在于崔颢敢用打破格律的方式潇洒自在，像是不经意地在黄鹤楼头写诗。

李白写过一首叫《峨眉山月歌送蜀僧晏入中京》的诗：

我在巴东三峡时，西看明月忆峨眉。月出峨眉照沧海，与人万里长相随。黄鹤楼前月华白，此中忽见峨眉客。峨眉山月还送君，风吹西到长安陌。长安大道横九天，峨眉山月照秦川。黄金狮子乘高座，白玉麈尾谈重玄。我似浮云殢吴越，君逢圣主游丹阙。一振高名满帝都，归时还弄峨眉月。

诗一共十六句，其中竟然出现了六次“峨眉”，还出现了六次“月”。整首诗就是围绕着“峨眉”和“月”建构起来的，非但完全不避忌重字，还刻意强调重复来创造出诗的韵味。

和李白同时代的还有高适、岑参、王昌龄、王之涣等人。这些人的诗作中有另一种离开琐碎世俗的方式，就是放入了大量的Exotic Experience，从边境经验而来的近似异国情调的内容。例如岑参的名诗：

君不见走马川行雪海边，平沙莽莽黄入天。轮台九月风夜吼，一川碎石大如斗，随风满地石乱走。匈奴草黄马正肥，金山西见烟尘飞，汉家大将西出师。将军金甲夜不脱，半夜军行戈相拨，风头如刀面如割。马毛带雪汗气蒸，五花连钱旋作冰，幕中草檄砚水凝。虏骑闻之应胆慑，料知短兵不敢接，车师西门伫献捷。

这首诗类似李白描写自然的风格，不过添加了军事征战的元素，于是对于自然的恐怖威胁之感，被紧张准备接战的情绪放大了。虽然才九月，接近边塞的轮台已经很冷了，河川中看到的不是一般的水流，而是累累巨石。更夸张、更恐怖的是边境的风，先是将黄沙吹上天，然后竟然还能让石头满地乱走。这种风刮在人身上还得了，脸皮都要被割去了一般。而且气温很低，雪花转啊转啊，刚落下来，就变成了冰。在营帐里写讨伐敌人的文书，砚台里的水转眼就凝结了。敌军听到汉家军整装来战，料他们也不敢短兵相接，我就在军师西门等待捷报。

08

李白难考的身世对其写诗的影响

李白应该是701年出生，762年去世。说应该，是因为对于他的身世的考据，还有很多不确定之处。他的来历有很多说法，从史料上看，最有可能的是他们家原本是陇西人，但在他父亲那一代从陇西窜走到西域，然后又从西域转到四川。李白的出生地可能是西域，也有可能是四川。他十几岁就离家浪游，走过了很多地方。

唐诗写了许多过去没有的内容，因为一方面有像高适、岑参这样的人，从中原被派到北方或西域去打仗，看到、感受到了边境的异质风景，而且也在军事行动中取得了特殊的感官体验。另一方面，也有像李白这样从边远的地方进入中原，带来了他成长经验中不同的记忆，乃至体会这个世界的不同方法。

唐代是一个人口相对流动的时代，不论是地理上的水平流动，还是社会地位上的垂直流动，都比以往来得活跃。帝国的形成提供了比较安全的大范围交通条件，让人能够在有限的时间内移动到较远的地方去，更重要的是，降低了行旅风险，给人愿意到远方去的动机。

另外，门第被打破了，社会阶层有了上下变化，不管是贵族没落还是寒门得意，都会带来强烈的刺激，引发新观点、新情感，也就会在诗中寻找发泄表达的渠道，使得诗更丰富、更多元。

地理和社会流动的交集点，是官场上开始产生了“本籍回避”的惯例，尽量不让人在本籍地当官。本籍地有很多亲故旧识，有原来世族长期建立的盘根错节的关系，在这里当官太方便了，也就不容易真的做事。因而官场上新建立的价值系统就倾向于不只是不让你在自己家乡当官，如果你官做得好，就让你去京师，留在京师。反过来，如果你犯错出问题了，就将你换地方，原则上愈来愈远离京师，也要愈来愈远离你的家乡。如此，对原本的世族势力也有裁抑作用，对朝廷有利。

因而当官的士人流动率很高，一辈子待过很多地方，其中一定有一些和自己的成长环境很不一样的，这也就丰富了他们可以放进诗中的经验。唐代诗人中，贺知章算是官运最好的一位，然而也正是他写了最有名的《回乡偶拾》中的两句：“儿童相见不相识，笑问客从何处来。”离乡久了，回去都没人认识了。

李白总结了初唐和盛唐早期的诗。他能写王维、孟浩然他们那种山林诗，例如：

问余何意栖碧山，笑而不答心自闲。桃花流水窅然去，别有天地非人间。

有人问我为什么住到碧山来，我笑而不答，因为这不关别人的事啊。如果去回答这种问题，那就无聊，就没那么闲适自在了。其实这个问题的答案就在后面两句里，碧山的环境里只有自然的落花流水，与人无关。选择碧山就是为了这种“非人间”的特性，那我又干吗向人解释碧山有什么好的呢？

李白也能写像高适、岑参那样充满异国情调的壮美之诗，他还擅长王绩那样的喝酒的诗。另外，他的诗中还有源自独特的求道求仙思想所产生的奇幻想象情景，以及睥睨世俗的豁达潇洒。

09

李白与杜甫，画风反差有些大

杜甫比李白小 11 岁，他是 712 年出生的，在 770 年去世。虽然只有 11 岁的差距，但放进唐朝历史中来理解，却可以看出极大的差异来。关键就在 755 年爆发的“安史之乱”。那年对王维、李白来说，他们都已经过了创作的高峰期，虽然他们的生活必然在大时代中动荡，但却对他们的诗风与诗作没有那么大的影响。

乱后六年，王维去世；再一年，李白也去世了。他们都没有看到乱平之日，没有体会到被这场战乱彻底改变的那个社会。杜甫不只晚生晚死，而且在诗的创作上又晚熟。因而战乱直接冲击了他的创作，逼着他重新思考如何写诗，如何以诗的形式去反映这前所未见甚至完全不在原本想象范围内的剧变。

在唐代社会中，李白是一个从边陲蹦出来的野人，没有什么来历，同时也就没有什么包袱。因此他才会如此投入于求道求仙。杜甫不一样，他有着明确的世族背景，祖父是杜审言，家世可以上溯到魏晋时的经史大家、注《左传》的杜预。杜甫曾自嘲是“腐儒”，那是过气了、没落了的襄阳杜家余绪。

家世加上经历，使得杜甫写出了和李白很不一样的诗，或者说，使得杜甫无法写像李白那样的诗。杜甫很佩服李白，态度上近乎崇拜，曾写过十几首和李白有关的诗。相对地，李白作品中和杜甫有关的就少得多了。最有名的一首是《戏赠杜甫》，里面有两句：“借问别来太瘦生，总为从前作诗苦。”说你老是那么瘦，就因为写诗写得太辛苦了啊！

话中对比，李白自己恣意纵横，杯酒千句，爱怎么写就怎么写，连诗律规范都不信不守了，杜甫却是要为了诗吃不下饭，认真思索，左右推敲。一个享受诗，一个为诗奉献。虽然杜甫恨不得自己也能像李白，但性情、风格就是不同，也因此在他手中得以开创出唐诗另一座绝顶高峰。

“太瘦生”杜甫活得很辛苦，少小多病，贫穷好学。稍长后去长安，考试没有考取，就转而到山东、山西、河南一带去游历，在这段时间遇见了李白、高适。在这些当代大诗人面前，深觉自己缺乏写诗的天分，没有办法将诗写好。李白是大才，高适也是带有传奇性的创作者。他到 50 岁才开始写诗，但一写就写出了一连串人人传诵的作品，可见他也有很高的天分，不是靠琢磨苦练来写诗的。

李白、高适写诗的风格是天成的，是学不来的。可怜的杜甫在他们的阴影下，既无功名，也得不到诗名，一度到了东边，混迹齐赵之间。三十四五岁又回到了长安，偏偏选在长安大乱之前，正逢“安史之乱”爆发。在战乱中他的小儿子活活饿死了，给他留下了照顾不了家庭的愧疚悔恨的创伤。

世家的背景使得他无法像李白那样不在乎、不重视家庭，让儿子饿死对他是极大的耻辱。大部分人在这种状况下就无法写诗了吧，但杜甫反而在诗中才找到能够纾解悲哀痛苦的慰藉，因而他就将诗中原本没有的这些内容，将前人不觉得可以入诗的内容写进了诗里。

能有这样的突破，也是因为年轻时杜甫已经将诗的体例规范所需要的技术都反复练习培养好了，即便是最痛苦、最荒芜、最激动、最深刻感慨的场景也难不倒他。于是原本短小拘束的诗，在杜甫手中竟能够写战乱、写社会、发牢骚、发议论。

像他的《羌村》：

峥嵘赤云西，日脚下平地。柴门鸟雀噪，归客千里至。妻孥怪我在，惊定还拭泪。世乱遭飘荡，生还偶然遂。邻人满墙头，感叹亦唏嘘。夜阑更秉烛，相对如梦寐。

前面先讲自然，西边峥嵘山景的上方有红色的云，是日落黄昏时。这里故意用平俗的语言形容“日脚下平地”。很平常的一个黄昏，一扇平常的柴门前，鸟雀叫了起来，因为有人来了。来的是谁呢？是远从千里之外回来的我。这是件多么不寻常的事！

妻儿看到我的第一反应，甚至不是高兴，而是“怪”，吓了一跳，分别太久了，以至于根本不相信这个人还活着，还有可能再见面。先“惊”，像是见到了鬼一样，终于接受了这个事实，才既感动又庆幸地流下泪来。从这样的亲身经历体悟了什么样的时代！飘荡无家，死在外面成了常态，能够活着回到家里，反而是偶然难得的。的确难得，不只妻儿没有预期，邻居也都当成了奇观，忍不住好奇来看，在墙外站满了。到了夜里，点起蜡烛来，在烛光摇曳掩映下，原本确认的事实似乎又没那么牢靠了，和妻子两个人相对，恍惚觉得这是在梦中吧！

10

“老妪皆解”
——中唐诗的一个潮流

唐诗到杜甫，有了不同转折。前面的方向是将人从日常生活里拉出来，现在却证明了诗可以生活，不卑下、不琐碎、不庸俗，捕捉反映生活中的深刻感人之处。杜甫开拓了好几条诗的新道路出来。

杜甫写《兵车行》，基于自己战乱中的经验，到了张籍，就将这样的生活感怀予以扩大。张籍也写战乱，也写悲凉，但他常常刻意离开了自我身份，转换成想象的女性角度。他的名诗包括了《节妇吟》，是唐诗中对于女性感情最细密的传达，一个受到爱情冲击、站在婚外情边界上的女人，她的情怀、她的选择：

君知妾有夫，赠妾双明珠。感君缠绵意，系在红罗襦。妾家高楼连苑起，良人执戟明光里。知君用心如日月，事夫誓拟同生死。还君明珠双泪垂，何不相逢未嫁时？

诗从“明珠”开始，也结束在“明珠”。收到这么贵重的礼物，确认了对方的情意，随之也动心了。但接着就有了一连串的挣扎，考虑自家背景、丈夫工作与社会地位，最终她不得不做出“还珠”的决定，毕竟是必须对得起自己的婚约誓言。艰难地拒绝了对方，心中却还是憾恨着，如果早点相逢相识，就不会是这样的结果了。

另外还有《别离曲》《离妇》等作，都奇特地超越了男性作者的本位，细腻公平地捕捉了那个社会中女性的辛酸与痛苦。

张籍之后，就到了元稹和白居易。杜甫写出了完全不同于李白他们那个时代的诗作，但他主观上从来没有要超越李白、取代李白那一辈的意识。到了元、白，他们就继承了杜甫开启的这种新诗风，发起和前代划清界线的一个运动。而且他们承接了张籍那样的精神，认为诗要写的、能写的，不只是诗人自身感受的情怀，还应该包纳他人的痛苦，为他人发言表达。

元稹、白居易所代表的中唐“社会诗”，是自觉地要改变诗和诗人的定义。最具代表性的文献，是白居易写给元稹的信《与元九书》，信的内容就是在讨论文学究竟是什么，文学究竟要做什么。开头说：

夫文，尚矣，三才各有文。……圣人感人心而天下和平。感人心者，莫先乎情，莫始乎言，莫切乎声，莫深乎义。诗者，根情，苗言，华声，实义。

诗是像植物一般，以感情为根，以语言为苗，以声音为花，以意义为果，完全依循着能够触动人心的基本法则。基于此，白居易接着检讨了唐代到那个时候200年间的诗的状况。诗人很多，多到数不清，而最厉害的是李白和杜甫。李白是奇才，写的诗没有人赶得上，但是若以诗的根本原理来评断，李白的作品中真正有意义的，不到十分之一。在这点上，杜甫就不一样，不是游戏，不是华丽好看，而是真正能完整发挥“情”“言”“声”“义”各自作用的，杜甫的诗“可传者千余首”。

这是很明显的“抑李扬杜”，表现了他们的根本价值信念。诗是严肃的，而且诗要有目的、有作用，不要再学李白那样率性写诗，依凭天分才气，也外露天分才气来写诗，而应该像杜甫那样，为君、为民、为物、为事而写诗。元稹和白居易写了大量的作品来示范、宣扬这种诗要为群体、为社会服务的理念。

诗要能以其意义感动人、感化社会，进而改变社会，因而诗的题材、体裁也必须改变。诗是工具，要影响读诗的人，所以诗要尽量让最多的人读得懂，可以由此受影响。这项主张其实是违背杜甫的美学理念的，杜甫很在意诗的格律，也很擅长创造内蕴深藏的对仗或特殊的声音效果。元、白的诗，以杜甫的标准来看，是很随便、很草率的。不是他们没有能力细致琢磨，而是他们故意要写得“老妪皆解”。他们用这种方式改革了诗，再以新风格的诗来进行社会改革，这是中唐诗的一大潮流。

11

唯美与奇僻，中唐诗的另一个发展方向

在元、白之外，中唐诗有另一个不同方向的发展。诗写成了“老妪皆解”，必然就失去了诗用来区别身份的作用。于是有了相反的特意强调诗的艺术性，尤其是凸显诗难解难懂性质的作者与作品。

这项发展的前驱者是李贺，在他短短26年的生命中，绝大部分的时间花在骑着马带着僮仆到处走，一边走一边苦思苦吟他的诗，而且不是一首一首地想，是以句为单位的，每想出一句，就写下来丢进袋子里。他写的诗不会有社会性，甚至也不是出自个人经验，毋宁说是一种极端独特性的追求，要写别人没写过的诗，也要写超越自己、自己没写过的原创的诗。

还有李商隐，他的诗充满了刻意铺排的歧义性，可以这样读，也可以那样读。有些地方像谜语，有些地方藏着冷僻的典故，就是不让人一眼看穿，必须经过思索探讨，经过专注费心的阅读过程，才能解释他的诗。

还有贾岛，留下了有名的“推敲”故事。一句诗中应该是“僧推月下门”还是“僧敲月下门”，他走路时反复吟咏无法决定，完全没有注意到自己冲撞了大官的轿子。还好他冲撞的是韩愈，韩大人知道他无心过错的原因，就告诉他“敲”比“推”好，因为有声音，丰富了“月下”夜晚的感官。韩愈自己也是一个反对写好读易读的诗的人，他的诗中充满了奇字僻字，还有曲折的文义和复杂的拗救声音安排。

贾岛的诗：“独行潭底影，数息树边身。”他自注云：“二句三年得，一吟双泪流。知音如不赏，归卧故山秋。”两句诗就沉吟了三年才得到，难怪感动得流下眼泪来，而用这种认真态度写诗，当然不可能写出滔滔长篇的《长恨歌》或《琵琶行》了。这种诗显然也就不会是为一般读者写的，要寻找真正能欣赏精细字句区别的知音，为知音而写。

由“苦吟”而得的诗，常常是“有句无篇”，有很好的句子，但整篇看来就不那么顺畅，有点别扭。将这种别扭风格发挥到极致的，正是韩愈。在写诗和写文章上，韩愈有很不一样的态度。他那种求奇求险的写法，在唐代是一种极端，却对后来的宋诗产生了巨大影响，可以说他首开了宋诗不同于唐诗的精神与风格。

读唐诗，最好的方式还是以李白、杜甫这两座巨峰为中心，了解不同诗人及不同风格所组成的谱系，再依照这个谱系来归类诗人与作品。

第七讲

唐代佛教与佛寺的进一步发展

01

隋唐佛教的核心：选择、整理、混合

隋唐历史上的一项重大发展，是佛教进一步中国化，出现了具备独特性格的“汉传佛教”。

不过，该注意的是，佛教中国化并不是让佛教教理变得更像中国原有的思想。佛教传入中国，先经过了“格义”的阶段，也就是用中国传统既有的名词、观念去说明佛教。佛教教理依附于中国道家老庄的词汇之下，听起来很亲切，比较容易理解，但相对地就没有了独立性，而且和印度的佛教思想有很大的差距。

隋唐时代的佛教中国化，是在具备了相关的语言、观念条件，能够对印度佛教有清楚的根本理解的基础上进行新的发展，产生了印度佛教没有的、中国传统中也没有的看法与主张。

例如，到这个时候，佛教的重要观念“Samadhi”已经有了明确的译名“三昧”；对于佛陀所说之“法”，也不会再和道家所说的“道”混淆了。在这样的条件下，出现了特殊的“中国式选择”（牟宗三先生语）。并不是中国人新创了一套佛教教理，而是在原本的印度佛教系统上，从庞杂的印度佛教元素中，有了独特的选择、整理、混合。选择、整理、混合的方式构成了隋唐佛教的核心。

隋唐时佛教高度中国化，有其外部因素和内部因素。外部因素是帝王如梁武帝和佛教产生密切关系，佛教信仰进入南朝贵族生活中，等等，使得佛教得以进一步在中国社会生根。加上具备独立经济生产能力的佛寺组织，让佛教的势力更稳固。虽然北周武帝从政策上发动过对佛寺经济的打击，但很快地继承北周的隋朝统一了中国，于是南方的佛教风气深刻感染、影响了新的朝廷。隋文帝本身是佛教的信仰者，隋炀帝因为崇拜南方文化，也刻意地继承了南方庞大的佛教资产。于是北方佛教也快速地在隋代恢复了元气，甚至扩大发展。一统的帝国有助于南北交流，有助于佛教、佛寺在北方重建。

佛寺重建，使得佛寺与佛寺之间形成了一套网络，这又反过来推动了帝国统一。南北之间有运河相通，北方的陆路和南方的水道基本上可以保持交通安全，再加上佛寺提供了最常见、最简便的“挂单”休憩机会，不只是方便和尚们游方，一般人也很容易找到佛寺借住落脚，如此产生了过去驿站制度不可能达到的效果，建立起新的行旅系统，帮助帝国各个区域交流互动。

02

唐初佛寺经济及其问题

不过从隋到唐，佛教发展出现了一个大变量，那就是皇帝的信仰。高祖武德三年，出现了一个传言，说山西有一个妇人在路上遇到了陌生的老人，光看外表就觉得应该超过百岁了。老人说："李渊是我的后代子孙，如果建立了王朝，可以千百年不废不灭。"相传这个老人就是老子李耳。

唐朝李家原本是出于关陇集团，但为了建立帝业，就刻意给自己拉来一个更有来头、能增加王朝合法性的远祖李耳，于是皇家的信仰自然就成了和道家牵扯不清的道教了。道教有了皇帝做后盾，就和持续发展的佛教有了紧张关系。

唐高祖利用传说抬高身世，拉拢道教建立功业，但当时并没有将道教立为国教的想法或做法。武德七年（624 年），大臣傅奕上书反对佛教：

佛在西域，言妖路远，汉译胡书，恣其假托。故使不忠不孝，削发而揖君亲；游手游食，易服以逃租赋。演其妖书，述其邪法，伪启三途，谬张六道，恐吓愚夫，诈欺庸品。

佛教来自远方，讲的是些奇怪的道理，佛书翻译而来的内容也不知是真是假，结果使得那些不忠不孝的人，落发出家之后就可以不用跪拜国君和父母，换穿了袈裟就可以不工作，游手好闲还可以不缴税不服役，专门说那些乱七八糟的邪说，恐吓欺骗一般人。

乃追既往之罪，虚规将来之福，布施一钱，希万倍之报；持斋一日，冀百日之粮。遂使愚迷，妄求功德，不惮科禁，轻犯宪章。……而愚僧矫诈，皆云由佛。窃人主之权，擅造化之力，其为害政，良可悲矣！

佛教的轮回理论追究过往，看向未来，让人相信捐给寺庙一钱，将来可以有万倍的报偿；现在吃斋一天，可以换来百日都有得吃。因而使得人们专注于这样换取功德，不注重现在的法令规范。

降自羲、农，至于汉、魏，皆无佛法，君明臣忠，祚长年久。……西晋以上，国有严科，……羌胡乱华，主庸臣佞，政虐祚短，皆由佛教致灾也。梁武、齐襄，足为明镜。

从历史上看，伏羲、神农一直到汉、魏，都没有佛教流传，那个时候政治清明，朝代历时长久。西晋之前，对佛教多所防禁，但到了胡人进来之后，政治上的混乱错误，都是佛教所带来的，怎么还能相信佛教能予人保佑呢！信奉佛教却不得善终的梁武帝、北齐襄帝就是最好的例证教训了。

昔褒姒一女，……尚致亡国，况天下僧尼，数盈十万，翦刻缯彩，装束泥人，而为厌魅，迷惑万姓者乎！今之僧尼，请令匹配，……产育男女，十年长养，一纪教训，自然益国，可以足兵。

光是迷褒姒一个女人，就足以让西周亡国，现在全天下有10万和尚、尼姑，有那么多佛像，整个社会都迷乱了啊！最好的方法，是强迫和尚、尼姑都结婚生子，花十年工夫，添了很多小孩，就可以充当国家的兵源。

傅奕的意见代表了当时反佛的理由，并不特别，比较特别的是他借由王朝新成立的军事需求，建议从逼尼姑、和尚还俗结婚来瓦解佛教势力。中国佛教史上有分别出现于北魏太武帝、北周武帝、唐武宗时期的“三武之祸”，如果依照傅奕的建议，那恐怕就要加上“武德”年间的事，成为“四武之祸”了。不过唐高祖没有像傅奕主张的那样对付佛教佛寺，他在武德九年下的诏令是“命有司沙汰天下僧尼道士女冠”，也就是一并整顿淘汰和尚、尼姑、男女道士。其中符合考核“精勤练行者”，让他们迁居到大寺、大观中。京师留下三座大佛寺、两座大道观，每一州留一所佛寺、一座道观，用这种方法控制“僧尼道士女冠”的人数，而“庸猥粗秽者，悉令还俗”。

所以武德七年推行的政策，不是针对佛教的，而是要将躲在佛寺和道观里，不在新朝廷控制范围内的人口逼出来，尤其着眼于控制围绕着佛寺和道观产生的热闹经济活动。中古时期战乱状况中，往往佛寺和道观形成了相对安全的社会与经济绿洲，吸引很多人来依附，有了市集就有了活跃的交易买卖，卖酒的、卖肉的、赌博的，甚至色情行业都出现了，就是诏令中所说的“庸猥粗秽”。

这项政策主要是为了整顿社会与经济秩序，并未明确地在信仰上和佛教有冲突。而且诏令下达之后没多久，就发生了“玄武门之变”，李渊被迫退位，成了太上皇，改由李世民即位。

03

玄奘的取经、译经事业

唐太宗李世民即位后，并未认真执行“沙汰僧道”的命令，而且在佛与道之间，他比较偏好佛教，不过因为李家姓氏与李耳的关系，也必须扶植道观系统，保持和道教间的紧密关系。

唐太宗对佛教最大的贡献，是接见了当时的一个奇怪的和尚，决定赞助他翻译佛经的庞大计划。这个和尚就是玄奘。玄奘 13 岁在洛阳出家，正逢隋末大乱，流离西迁，到了四川空慧寺，在那里他对于佛理发生了浓厚的探索兴趣。他感觉到佛教教理中有许多不清楚的地方，甚至还有很多看似互相矛盾之处。为了弄明白，他开始了长期行脚，到很多地方游历大寺，听人家说的名师讲道。但结果却是听得愈多疑惑愈深，不能解决各位名师所说的歧异问题。于是他认为真要搞懂佛理，这样不是办法，必须回到源头，越过纷纭难辨的翻译，去了解天竺（印度）的原典内容。

那时候唐朝刚建立，有禁令不准人民任意去外国。玄奘先按规定提出申请，被拒绝了，但他禁不住求道解惑的冲动，就在贞观三年先混在人群中去了瓜州，即今天的敦煌，再偷偷从瓜州经过西突厥，进入西域，然后往天竺去。

他成功地到达了天竺，在那里待了十年左右，到了贞观十五年，他取道回国。贞观十九年，玄奘回到了长安，带回了500匣657部佛经。

他曾经遍历天竺五十六国、在那里待了十年的事迹，在长安引起了注意。消息传到了当时在洛阳的皇帝耳中，唐太宗就要见玄奘。知道皇帝对玄奘有兴趣，许多大臣陪着玄奘到了洛阳，在热烈的气氛中，皇帝同意协助玄奘建立译场。

在皇帝赞助下成立的译场规模很大，组织也很复杂。有一个译主，就是玄奘，作为译场的主要负责人，也是最精通佛典的人。他看着原典，口头将其中的意思用汉语说出来，然后由“笔受”将他所说的记录下来，也就是形成逐字稿。然后再由“书字”将逐字稿改写成文言文。接着有十二位“证义”——大部分是和尚——来负责审阅和改正译文。再有“证文”负责检查文字是否正确通顺。“证义”是负责查对内容的，“证文”则是负责查对文字的。之后交给一路参与旁观翻译过程的“参译”，让他们检验有没有什么过程疏漏了。再下来交给“缀文”进一步修饰文字。到这里还没完，最后还有一个角色是“梵呗”，他们负责诵念原来的梵文，对照念出译好的中文，看两者是否能有声音上更好的对应性。

显然在当时的观念中，佛经不只是拿来读的，还要拿来朗诵，要诵经，所以要在声音上特别讲究。

有这么多人，经过这么多程序，翻译的佛经才能刊定。玄奘在这个译场几乎不间断地工作了 19 年，译出了 75 部佛经，分成 1330 卷。而这个译场存在的意义远超过玄奘所译出的经书数量。更大的影响是让求经与译经蔚为风气。

从玄奘开始，一直贯穿到晚唐，有很多人去天竺取经，知名的就有义净、玄昭、师鞭、道希、慧业、玄恪、道生、僧隆、会宁、大津、道宏、慧日、不空、含光、悟空、道方、明远、义朗、智行、慧琰、义辉、道琳、昙光、慧命、善行等人。他们的取经努力后来就形成了惯例、模式，等他们取得佛经回到中国，就会有官家或大寺为他们开译场，用玄奘定下来的规范翻译佛经。这就是影响唐朝佛教最重要的内部因素。

04

唐代为什么选择大乘而弃绝小乘？

玄奘开了取经的风气，又建立了译场的组织，还奠定了翻译的文体。在隋唐两代，参与译经的人很多，除了汉人之外，还有于阗人，甚至有不少天竺人，如菩提流志、达摩笈多、波罗颇伽罗、金刚智等。到天竺源头取经，严谨地大量翻译佛经，自然推动佛教在中国产生了很大的变化冲击。然而并不是如玄奘原本期待的，取经译经之后就能收拾佛教教理上的混乱，找到清楚明确的道理。

相反地，中国人不得不承认，也不得不面对：原来佛教那么复杂、那么混乱啊！并不是从印度传入中国后，翻译解释的过程中产生了混淆，而是在印度的发展阶段，佛教就有了许多分支，众多分支不见得都能整合为统一的系统。于是要继续讲佛理，就必须从这些繁杂说法中进行选择。

不同于“格义”时期，什么说法刚好被介绍进来，刚好和当时流行的观念可以联结互通，就被视为佛教的内容。这时候有了对于佛教面貌的整体认知，不同的经书都拿回来翻译出来了，要从中进行有意识的选择。其中一项选择原则在六朝开始浮现，到唐代确立了，那就是选了“大乘”（Mahayana）而弃绝“小乘”（Hinayana）。事实上就连“大乘”“小乘”的名称都是“大乘”这派的说法，称自己为“大”，和自己不一样的对方是“小”。所谓“小乘”，他们自称是“上座部”。

在“格义”阶段，中国人已经通过直觉、通过文明最根本的价值信念，感觉大乘观念比上座部要来得容易接受。上座部教理从中国的集体价值观看，是“自了汉”的追求，累积智慧、看破虚像，是为了让自己能解脱痛苦，进入静寂涅槃。大乘则是所谓的“菩萨道”，认为轮回的无穷苦不是个人的，而是集体的。上座部的目标是自己能离开轮回无穷苦，大乘却是要让轮回无穷苦消失。显然大乘的集体关怀以及寻求集体解决的思考，比较接近中国立基于圣贤形象上的道德观与生命观。

隋唐之后，这样的区别多了一层思想上的解释，说明为什么大乘比小乘高明。小乘相信的是“性空法有”，意思是一切的现象与事物都是偶然因缘所创造的，没有必然性，而且会不断生灭变化。“我”是由意识不断流转所构成的，没有一刻停留，但我们却以为有一样可以被掌握的“我”，这就形成了“我执”，从这里就有了人生的种种痛苦。所以要破除误会，理解一切都是因缘，没有本体，也就没有“是”，只有“如是”，得到看穿内在“空”的真相的智慧，理解管辖这一切的“法”。“法”才是一直存在，具备不生不灭不变化的恒常性质的。

然而大乘却不停留在“法有”的观念上，要更进一步地探索，或更进一步地破除——其实就连“法”也是“空”。在这点上，大乘超越了小乘，更彻底、更高妙。

对于大乘佛理在中国的发展，最重要的佛教文献是龙树（Nagajuna）所传的《中论》。《中论》所论的“中”指的不是物理上的位置、空间上的“中”，而是论理逻辑上的“中”，指的是“既非此也非彼”的状态。

我们可以借由“八不中道”来理解。“八不中道”分别是“不生”“不灭”“不断”“不常”“不一”“不异”“不来”“不去”，一共八个“不”，分成四组，每一组都是两个我们平常会认为无法并存的对立观念。如果是一样的，就不会是不同的。如果是改变了，就不会是恒常的。如果生长了，就不会是死灭的。如果走过来，就不会离去。但龙树提出的“中”就是指“既非此也非彼”的一种非常识、反常识的状况。

龙树主张：世界的真相就在这样的“中”，会形成对立的、都是虚妄的建构。“中”是双重否定，我们认为这个世界要么是“一”，要么是“多”，这就是执念。真正的智慧在两者的双重否定里，去体会既非一也非多的吊诡情况。而且龙树所主张的“中”非常彻底，针对所有的对立，包括了“空”和“有”。“空”作为“有”的对立，也是一个极端，不会是“中”，也就不是我们应该执守的。真理不可能在“空”，而在“非有”也“非空”的更高层次的“中”。

如此一来，“性空法有”也就站不住脚了，因为这个概念还是建立在“空”和“有”的对立上。小乘认为一切都在变，看清楚了这个事实，我们就明了，唯一不变的是“一切都在变”这个原理。然而龙树所代表的大乘却认为“法有”仍然是“有”，还是建立了一个原理不变的执念，就不是彻底的真智慧。

05

“判教”观念
——用批判的态度搞清楚佛教

《中论》是彻底的论理。如果一切是空，一切都在变化之中，不会停止，也就没有常性，那么就连“一切都是空”的道理也是空，“一切都在变化”的认识也一定会变化。而且还会再后退，说“‘一切都是空’的道理也是空”这个道理也是空，没有真性，必须被看破，必须被推翻。甚至《中论》作为一种固定的理论也就成了“有”，也应该被打破，再往后寻找“非中”与“非非中”的状态。

这是一种否定的、负面的辩证法，然而放在佛教中就产生了一项真实的困扰。如果是这样，那么佛教跟我们的生活之间的关系是什么呢？佛教作为一种人生哲学或生活指导的功能，如何和这样彻底后退的论理思想配合？换个方式说，要如何让无穷的后退停住，让佛教的生活指导不会崩溃瓦解呢？

这就是明确选择了大乘之后，隋唐佛教在中国的巨大任务。如果一切都是虚假虚空的，那我们要如何不陷入相对中，还能主张什么、把握什么？

隋唐时期成立的重要宗派，都带有浓厚的哲学思想性质，要从庞大的印度佛教元素中，找出方法来对应处理这样的虚无倾向，确保佛陀所教的是真实的，是有意义的，而不只是另一个应该被克服、被超越的论理阶段而已。由此出现了许多有趣、精彩的论理。

六朝时曾经很发达的宗派有“三论宗”，就是以龙树的《中论》《百论》《十二门论》三种著作为其基础。这就是一种选择，在那么多的经典中，选择了这三部。三论宗的主诉求是“破邪显正”——打倒邪说，彰显正确的思想、观念。这看起来没有什么特殊、独到之处啊！三论宗的重点放在“破邪即显正”上，主张“破邪之外，别无显正”。

这也就是说我们要去认清世间所有事物的虚幻性，揭露对于真实的看法是误会、是错的，这样就是了。不需要也不应该在破除虚幻之外，还要再用正面的方式去说佛法，除了“破邪”之外就没有别的可做、要做的了。像剥洋葱似的，不能想要剥掉一层层，最后显现出藏在里面的中心之物来。里面就是空的。剥开发现里面的空，就是剥洋葱行为的所有。

要“破邪”，依照三论宗的说法，就要“内外俱呵，大小俱斥”。

心存内外，情寄大小，则堕在偏邪，失于正理。既失正理，则正观不生。若正观不生，则断常不灭。若断常不灭，则苦轮常运。以内外并冥，大小俱寂，始名正理。悟斯正理，则发生正观。正观若生，则戏论斯灭。戏论斯灭，则苦轮便坏。

如果有内外、大小的分别，就有偏斜，就不是正理，也就不可能有看这个世界的正确观点，如此就一直陷在因果轮回的痛苦之中。要离开“苦轮”，必须从根本上破除“内外”“大小”的分别。

破邪而有正观，如此轮回中的苦就消失了。正观本身就是否定的“呵”“斥”，不要再从正面去描述和掌握，它不是“有”，没有内外、大小，就存在于破坏、解除之中。

因为要“内外俱呵”，所以从三论宗生出了隋唐佛教的一个重要传统，那就是除了要批判佛教以外其他宗派的信仰、主张，彰显其错误之外，也要对佛教本身抱持同样的批判、检讨态度。后来出现的中国化宗派，因而都有很发达的批判哲学。那样一种破坏性的力量是不能轻易停止的，无法简单地只针对“外道”而放过佛教自身。外面的要否定和推翻，佛教自身的也要批判地弄清楚，于是有了“判教”的思想与做法。

“判教”一部分也源于佛教有那么多经典，留下了那么多不同说法、不同记录，必须找到一种批判的方式来整理，才能解释。隋唐佛教因而不是简单的宗教信仰，不是着眼于如何将教理说得更动人、更有吸引力，让更多人能接受和拥抱。佛教在中国至此建立了高度批判性的系统思想。

06

天台宗的“三谛圆融”

印度佛教没有“判教”。佛灭之后的扩张流传过程中，佛教出现了很多不同派别，每一派每一宗都是佛教，各宗各派所信奉的经书都是佛经，从来不曾经历一个整合的阶段，也不曾存在过强烈的整合意识与需求。佛经中不同的说法是怎么回事？有时候还有冲突矛盾，该如何看待？这些都是佛教吗，还是有真有假或有高有低？有否可能将不同教理予以整理安排？印度佛教没有认真问过以及回答过这些问题。然而进入中国之后，中国人的思维模式却绕不开、避不掉整合建立系统的要求。

三论宗并未有明确的判教原则，到了天台宗、华严宗，就有了严谨的判教原理与方法。这套方法带着很清楚的中国性格，绝对不是从印度来的。

天台宗、华严宗的“判教”，都是诉诸佛陀的生命阶段分别。在第一阶段他说了什么道理，到第二阶段换成针对什么样的对象而说了什么道理。如此安排得以将佛经中不完全能并存兼容的理论，放入一个系统中，同时给予一种生命成长过程的解释。中国化意味着在印度随着时间而分散衍化的教理，被刻意地收拾了，通过批判分析去除分歧、混乱，也就是有了强大的整全意识贯穿其中。

面对“法”是有还是空的问题，天台宗主张“法一谛三，三谛圆融”。有三种看法，都是同一个“法”的显现。第一种看到世界是空的，没有任何实相，所以事物都没有自性；第二种看到一切都是“假”的，既是真假的“假”，也是假借的“假”，不过是暂时的命名，提供暂时的、借用的认识；第三种是看出如《中论》中所提示的那样“既非此亦非彼”的状态。“空”“假”“中”三种角度都可以帮助我们有智慧地掌握这个世界，脱离苦轮。

“空”“假”“中”从不同角度看到的是同一个世界，从“空”的角度看，那么不只“空”的道理本身是空，就连“假”“中”的道理也是空。从“假”的角度看，那么“空”和“中”也是一时假借设定的，不是真正实有的。从“中”的角度看，那么“空”和“假”也应该被“非空亦非非空”“非假亦非非假”的观念破除。

“空”“假”“中”就是“三谛”，三者之间的这种关系，是为“圆融”。“三谛”彼此形成了互相牵连、互相批判又互相补足的关系。更重要的，用“三谛”之间的连环结构，阻止了任何单一观念带来的无穷后退的问题。空的道理是空，说“空的道理是空的”这句话也是空，如果这样就会一直不断往后退，成了无限游戏，现在我们可以想：空的道理是空，而之所以要有空的道理，是一种假设、假借。假借的道理也是空，真相、真理存在于空与非空之间的“中”，不过我们也不能执着于“中”，因为“中”的观念也是没有本性，也是空的，是为了让我们取得智慧而暂时假设、暂时借来的。“三谛”巧妙地形成了循环，不再是无限后退的论证。

07

天台宗的“三千一法”

天台宗另一个神妙创意的论理，是“三千一念”或“三千一法”。“三千”是印度佛教中惯常用来形容众多、代表无量数的说法。最有名的是在《维摩诘经》里呈现的“三千世界”，对比我们所处的世界，只是其中的一个，何必如此自我中心、如此看重呢？自我中心源于我们不知道我们的世界之外还有三千个（无数个）世界，放大了规模与视野，就会有不同的概念和态度。

“三千”在天台宗的教理中也有了中国化的转变，从一个虚的、象征性的大数，变成了一个可数的数字，意思是有了对于“三千世界”的分类与描述。什么是“三千世界”呢？为什么是“三千”？依照天台宗的说法，要先从“十界”算起，那是十种不同等级生命形态构成的世界，分别是地狱、饿鬼、畜生、修罗、人间、天上、声闻、缘觉、菩萨和佛，由下而上一层层升等的轮回道，看每个生命所累积的“业”，在轮回时决定下一回生命会进入哪一层。前面六界又称“六凡”，后面四个较高的等级称为“四圣”。“四圣”等级一般会在后面加上“天”，有声闻天、缘觉天、菩萨天、佛天，那是可以解脱的层级。

天台宗说“十界各具十界”，将等级分得更细。十界中的每一界，又各有其十界，地狱一级中又有地狱的地狱，有地狱的饿鬼、地狱的畜生、地狱的修罗、地狱的人间……饿鬼一级又有饿鬼的地狱、饿鬼的饿鬼、饿鬼的畜生……如此十乘十就变成了一百个细分的层级。

再来，“一界各具十如”，“十如”是“如是相”“如是性”“如是体”“如是力”“如是作”“如是因”“如是缘”“如是果”“如是报”“如是本末究竟”。意思是例如说在地狱中的地狱，会有这一界的现象（“相”），现象有其本质（“性”），有产生现象的物质（“体”），有其显现的力量（“力”），也就有之所以产生现象的来龙去脉，有“因”，有“缘”，有“报”，其中有管辖这一切的根本原理，那是“本来究竟”。前九个是感官与思辨层次的，最后一个超越了感官与思辨，是究竟的道理。

如此又乘以十，就变成了千。再来“十如各具三种世间”，分别是“正报”“依报”“五阴世间”。例如说畜生界的声闻界，有其主要原理，那是“正报”；尤其连带衍生的原理，那是“依报”。“正报”与“依报”加起来为“国土世间”，其背后则存在“五阴世间”，互为表里。“五阴”是“色”“受”“想”“行”“识”。如此再乘以三，于是而由千变成了三千。

用这种方式，天台宗的教理解释了什么是“三千”，同时也就主张，世界的所有可能都在这“三千”中了。而神奇的是，如此既完整又复杂的“三千”，我们却能了解也能说明，表示“三千”可以被统摄入我们的心念里。因而至大与至小又统合起来，“一念三千”，现实即心象，当你心念在地狱，就成了地狱，就创造了地狱。

为什么要用这种方式来理解世界？或者，用这种方式我们到底能够认识到什么样的世界？天台宗的论理，表面上看是分析的，而且是再复杂不过的、层层堆栈的分析，分类到三千种之多都还不够，“世间”还要分“国土世间”和“五阴世间”，“五阴”又分成五种……光是听起来都让人头晕了，何况要一一对应去思考、辨识？

所以其实质，是“以分析反分析”，或以极端的分析来否定、取消分析。细微的差异小到无法再小了，怎么可能搞清楚地狱界中的畜生界的如是性的正报，和畜生界的地狱界的如是力的五音世间各自是什么，又有什么关联？最终我们会超越差异，而对“三千世界”产生一个“圆融”的感受，那“圆融”就在你的心念中，你也就了解了，并谨慎珍惜，原来自己的“一念”这么广大、复杂。

天台宗的“教观二门”与“一心三观”

天台宗的另一项重要主张是“教观二门”，“教”就是原理、原则的解说，但光靠解说是不够的，还要有“观”，也就是修行与体会。所以“一念三千”或“三千法门”不能单纯当作“教”，不只是分析的道理，还要借此进入“性空”的境界，感受到世界一体的圆融，到达的途径就是“观”。

吊诡地用一种分析的方式去观想，将身边的现象放入“三千世界”的复杂架构下去观想，借此体会自己的“一念三千”，久而久之，“三千”的分别就在直觉中消失了，只剩下超越“三千差别”的安宁，这是天台宗里“教”和“观”互动的法门。

“观”有观法，叫作“一心三观”，三种修行的功夫。第一种是“在心上观念”。从当下的念头去分析，这是什么样的念头？

既然“一念三千”，念头有近乎无穷的可能，所以就要分辨是声缘界还是菩萨界的念头。当然也有可能是畜生界的念头。第二种是“修息三千三谛”，学会主观控制，让自己的“一念”可以达到“三千”中的不同层次、不同境地，可以选择要去的和要避免的。如此才能达到第三种“万法皆是三千三谛”。你明白了这些差别都不过在“一念”之间，也就能够超越差别，进入无差别的境界。

天台宗还提出了“判教”的主张——“五时八教”，也就是将印度佛教教理分出不同阶段、不同层次的安排。从佛陀在菩提树下得道之后，有五个不同时期。第一期叫“华严时”，讲的是《华严经》。然而当时在他身边的人对于佛理没有任何认识和准备，都听不懂那么深奥的道理，所以“声闻如聋如哑”，虽然说了，却没人真正听到，也没有人能转述传达。

如此进入了第二期“鹿苑时”。佛陀进行了调整，转而说比较浅显的小乘道理，教如何自身解脱。这时期因而又称“诱引时”，以对己身有利的角度诱引大家来关心佛理。小乘主要是为了发挥诱引作用的入门的东西。

第三期叫“方等时”。佛陀开始讲《大乘方等经》，也就是要显示自身解脱的有限性，让信众理解更高的追求，所以重点在于“抑小乘，扬大乘”。为了达到目的，佛陀也有了不同的教法，所以这个时期又称“禅呵时”，发展禅的修行方式，喝斥那些停留在小乘阶段、看不见更高真理的人，要他们醒觉。

接下来的第四阶段是“般若时”。佛陀讲的是《般若经》，此时期又称“淘汰时”，也就是以《般若经》的内容为门槛、为试炼，将跟不上、无法进入大乘圆融之境的人淘汰出去。显然《般若经》的程度不一样了，有较高的难度，可以筛选出比较有智慧的人。

最后一个时期是“法华涅槃时”。佛陀教的是《法华经》和《涅槃经》，这个阶段同时又称“人开会时”，对照前面四个阶段属于“法开会时”。意思是前四阶段是讲“法”，也就是佛法道理说给人听，“法”是客体，“人”是接收的主体，两者是分开的。到了最高阶段，人即是法，法即是人，圆融为一，没有分别了，是这样的讲法，得到这样的领悟。这个阶段有两部主要经典，有不同的作用，《法华经》是至高的真理，是对被淘汰之后最后留下来的最有领悟力的人说的，而《涅槃经》则是所谓的“追说追泯”，对于那些没办法一下子完全理解《法华经》，这里有缺漏、那里有误解的人，给予补充与修正。

用这种方式，天台宗解释了为什么佛教里有那么多不同的内容，那是佛陀在不同阶段基于不同目的而进行的说法。虽然不同，若照着时间和教法安排，就有一个完整的系统，绝对不是杂乱、矛盾的。

对应“判教”的不同阶段，天台宗整理了“佛陀四教法”。第一种是“顿教”，也就是教人立即了悟的方法，那就是刚开始讲《华严经》的方法，直接彰显真理。但没有那么多人能领悟没有层次、没有顺序的“顿教”，于是佛陀换成了使用“渐教”。“顿教”的方法后来在中国是由禅宗承袭了，到了北宋大放异彩，还发展出许多配合的特殊教法来。

除了“顿教”和“渐教”之外，第三种教法是“秘密教”，意思是佛陀虽然对着一群人说法，有些内容却对特定的人产生了特别的作用，仿佛是专门说给他一个人听似的。听讲时有神秘的效果，对特定的人发挥“秘密”的效果。第四种教法是“不定教”。那是虽然佛陀一个人说一种内容，但对不同的人却产生了不同的作用，他们得着了不一样的教训，有了不同的领会。

09

华严宗的“判教”系统

天台宗之外，还有华严宗，它也建立了自己的“判教”系统。而且因为华严宗的系统完成于天台宗之后，就将天台宗也纳入到它的“五教十宗”体系里。

华严宗的第一阶段是“人空法有”，去掉人对于自体的执念，来求解脱。这是入门，相应的就是小乘的教理。第二阶段才是“始教”，大乘道理的开端。在这个阶段佛陀解释了“空”的意义，不只是一种对付外在环境、求个人解脱的认知手段，而有其作为建构这个世界内在基本原理的地位。第二阶段所产生的，是法相宗和三论宗。法相宗又称“唯识论”，发展了一套细腻的意识理论，说明所有的一切都是在意识中产生，在意识中流转的，看清楚、弄明白了就知道这背后是“空”的。

相应于第二阶段的“始”，第三阶段是“终教”，道理的根结之处，又叫作“实教”。以领悟“空”开始，用道理来分析事相，这是法和相，道理和事相分离的方式，但终究必须再将道理和事相重新合而为一，才是更高等的体悟。天台宗的教理就被放在这个阶段，是这个阶段的代表。

第四个阶段是“顿教”，重点放在“言说顿亡，理性顿显”，语言的尽头升起了另一种真理，直接、立即感悟。华严宗判教并未将任何一宗放在“顿教”下，不过后来的禅宗就是以这种“不立文字”的顿悟为其主要风格。

最后一个阶段是“圆教”。华严宗当然将自身放在这个阶段作为代表，其特色是“主伴具起，重重无尽”。还有另一个说法是“万有一一，相即相入”，意思是看事物万象，有许多个体，那是我们认知现实的基本方式，也就是“一一”。但这是假的，如果你认识了真实，就会明白万物其实都是彼此关联，来自一个共同的主体。

就像一层一层的波浪，并不是真的有波那样的东西，而是水。我们看出了波也看到了水，这就是“相即”。但如果我们只看波而忽略、忘记了水的存在，忽略、忘记了波是由水产生的，忽略、忘记了本体，也就忽略、忘记了本体是一致的，而将之视为别的东西，表象的、虚妄的众多东西。

如果看本体，原来的两极都可以同合。“色即是空，空即是色”意谓着在本体处，色可以“废己同空”，空也可以“废己同色”，这叫作“背己从他”，也就是真正的“相即”。关键就在一切分别、矛盾的背后都有共通共有的根源，从那个层次、角度看，就是圆融合一的。

看似一一个别存在的万有，其实也是彼此互相依赖的。作为一个人，你的存在其实也没有独立性，是由众多因缘造成的，离开了这些因缘，也就没有你这个人。使得你存在的是所有互相联结的关系，万有都如此关联，都有关系，这就是“相入”的道理，也就是“缘起”。

华严宗解释世界的另一种方式是“唯心缘起”。这是一套复杂的逻辑，核心观念是“十玄门”——十道看起来玄虚的门，走进去我们就明白了一切现象都从我们心中发源。十门的共通之处在于破除我们习惯的分别。第一门是“同时具足相应门”，让我们明了时间是虚幻，过去、现在、未来的划分是虚幻的。第二门是“广狭自在无碍门”，这是破除空间尺度、分别幻象的。第三门“一多兼容不同门”，是破除全体与部分分别幻象的。第四门“诸法相即自在门”，所有道理其实背后都是相通的，没有真正不一样的主张。第五门“隐密显了俱成门”，最显白的和最隐微的，外在与内在，也是共通一致的。第六门“微细兼容安立门”，最巨大的须弥山和最微小的芥子，没有真正的大小区别，须弥山是完足的，芥子也是完足的，没有根本差异。第七门到第十门分别是“因陀罗网境界门”“托事显法生解门”“十世隔法异成门”“主伴圆明具德门”。

“十玄门”和天台宗的“三千法门”有共通之处，都是修行之法，借由思考来达到无差异、无区别的境界。

要理解隋唐时期中国佛教教理、教义上的最高追求，还有华严宗所讲的“四法界”。和“判教”配合，而有四个相应的不同层次，即真理的四层不同境界。

第一个是“世法界”，也就是小乘的层次，在于帮助人处理“世”，也就是当前俱现包围着你的种种条件。想要摆脱现实的困扰，可以在这个“法界”中寻找答案与解决方法。第二个是“理法界”，是由规则原理所构成的境界，洞视世界的虚空，以及如何取得“性空”认识所需要的智慧。第三个是“理事无碍”，也就是将现实和道理融合为一而形成的境界。依照华严宗的分类说法，天台宗的教理就落在这个层次上。在此之上，还有独特属于华严宗的境界，那是“事事无碍”，意谓着返回到现实世界中，遗忘了所有的道理，不需要道理，可以直觉、如实地应对现实，和现实相处，都不会有妨碍，不会有问题。

到这个层次，将道理放空了，回头包纳这个世界，不被现实所累，进入“主伴具起，重重无尽”的状态。“主”指的是重要的终极道理，“伴”指的是在旁边不那么重要的现象。至此，连终极道理和最表面的现象之间都没有分别了，道理和现象都属于“唯心缘起”，出自“佛心”或“佛性”，一切都被包纳、涵盖了，于是就能源源不绝地产生智慧与力量，不再需要经过“理”上的思考，甚至也不需要回到“理”上，纯粹直觉，纯粹自然。

用这种方式，华严宗就将天台宗也并了进来，完成一个更大的系统。而它所推崇的“事事无碍”境界，很接近后来禅宗“三阶段说”中“见山又是山”的概念，可以清楚地看出在思想上的彼此联结。

10

高度思辨的佛教与会昌法难

隋唐的佛教朝高度思辨的方向发展，思想性升高的同时，必然其宗教性随之下降。那么细致艰深的理论探讨，势必只有少数精英才能参与。从六朝奠定下来的佛寺经济基础，让这时候的佛教有足够的条件培养少数精英专门如此进行深思。佛教组织在这个过程中进行了转化，表面上仍然是宗教团体，但内在性质却比较接近哲学研究所了。

高度精英化的佛教，和社会大众关系愈来愈薄弱，能有多少信徒听得懂这些道理，更遑论受到吸引而产生信仰了！他们不可能积极支持佛寺，提供佛寺所需的资源。幸好佛寺自身经济根底深厚，也不太依赖信众的供奉，如此才产生了像天台宗、华严宗这般辉煌的思想成就。

不过到了唐武宗灭佛，刻意着眼于打击佛寺经济体系，佛教就面临了空前的灾难。会昌年间的政策，不像高祖时那样佛道一起处理，而是朝廷明确站在道教那边压抑佛教，过程中牵涉到了好几位重要的道教信仰者，甚至是道士。例如当时的宰相牛僧孺、刘玄静等。

会昌五年皇帝下诏废除了佛寺 4600 所，另有称为“招提兰若”的小型佛教据点，高达 4 万多所。有 26 万僧尼被迫还俗。更重要的数字是：被没收的佛寺田产上万顷，没入属于寺庙的奴婢 15 万人。如果用 26 万僧尼控有万顷田地来计算的话，意味着僧尼平均拥有的土地是一般人的两倍，而且他们不必自己下田生产，蓄养了 15 万奴婢来为他们服务。

这是唐朝佛教坚实的经济基础，在这基础上才得以发展和一般信众无关的高深教理。不过在会昌五年“废佛”之后，佛寺大受打击，而道教原本就没有像佛教这种独立的经济势力，于是宗教作为介于国家与人民之间的中间组织，其力量大幅削弱。相应地，必须依赖信众捐奉来维持的佛教体系，后来也就无法继续发展哲学义理。前者的影响是使得宋朝以后朝廷独大，直接统治人民，而有了近世历史中很不一样的统治模式；后者则是使得思想的主要活力从佛寺中移走了，到宋朝之后转到了儒学复兴产生的理学中。

第 八 讲

从门第到科举

01

唐代科举考试的四个阶段

谈到考试，在我们的生活中有一个理所当然的标准，那就是60分，以60分为分界，以上就是“及格”，以下是“不及格”。这是我们从小最熟悉的标准，不过去国外念过书的人会知道，别的地方不是用这种方式进行考试评量的，对其他社会的人来说，60分没有那么重要，没有凸显的特别意义。

“及格”是从唐代考试制度遗留下来的长远传统。唐代科举基本上分成四个阶段。第一阶段是“帖经”，从经书中抄出大约三行的文字，将其中的三个字涂掉，让考生凭记忆补回去。这是默写的填空题。经书的范围很广，三个字可能出现在任何地方，可能是很有意义的三个字，也可能是特定的人名地名，当然也可能是毫不重要的虚字。“帖经”考题的难易程度可以有很大的差别，所以每次通过的标准不一样。

“帖经”通过了，进入第二阶段，叫“大义”。确定经书内容你会背了，再来问你懂不懂其中的意思。如果进行笔试，形式上接近简答题，例如问“三才”是什么，“五伦”是什么。不过到后来这个阶段逐渐固定为口试，而且每个人考十题，如果答对了六题以上就可以进入第三阶段，不到六题的就淘汰回家了。这是“及格”的来源，表示取得了资格，可以继续下一阶段的考试。

下一阶段通常是“策论”，这是从汉代留下来的旧形式，写论说文。在这个阶段，就不是“及格”或“不及格”，会分等第。如果考的是“明经科”，那么到此考完了。“进士科”还有下一关，叫作“杂文”，但实际上考的是“诗赋”。“诗”和“赋”两种形式中，又以“诗”最为重要。

02

科举考试与学校制度相结合

“科举”指的是“分科举士”，特别标出“分科”，因为这是新鲜的做法。当时认定了几种基本的能力，要借考试来检别。“明法科”，要有管理律令方面的专门能力；“明算科”，要有算术、数学的能力；“明书科”，“书”指的是写字，所以选的是字写得特别好、特别精到的人。

隋唐的考试选才制度不是单独存在的，而是和原本世家大族垄断人才的状况拉锯下发展的。隋文帝开皇三年下诏成立国子监，将朝廷的教育机构升级。之前的太学隶属于太常侍，是九卿底下的一个分支单位，这时候独立出来了。到了唐朝，国子监扩大为“二馆六学”的架构。“二馆”是弘文馆和崇文馆，主要是教皇族子弟，入馆当学生的条件是出身于皇家。

六学以国子学为核心，刚开始设定的员额是 300 人，入学资格限定为文武三品以上官员的子孙，加上从二品以上官员的曾孙，勋官二品、京官二品的儿子。这明显是高官子弟学校。官位愈高的人，就有愈多子孙后辈可以进到这个学校来受教。

第二个是太学，员额 500 名，入学资格也是以官品来限定的。五品官员的子孙，三品官员的曾孙，以及勋官三品而且“有封”，即另外受到封赏的官员的儿子。

第三个是四门学，取名源自“广开四门”的用意，不过入学规定上还是很严很窄，是给三品但没有封爵以及四品而有封爵的官员的儿子去受教育的地方。到这个层级，官员就只能荫及儿子了，孙子、曾孙不再享有教育特权。不过四门学有一个比较符合“广开四门”精神的方面，容许“庶人之俊逸者”的儿子入学，指的是官品未达前面标准，但有特殊能力、特殊声望的，可以进四门学。

第四、第五、第六分别是书学、算学、律学，入学身份就没有规定了，是针对特定专业的训练场所。这是和考试制度中明书、明算、明律三科配合的，为国家培养专业人才。

前面三学，是特别教育官员子弟的，更确定地说，是朝廷用来收拢官员子弟的手段。隋唐之前的六朝时期，官员大部分来自豪门世族，他们所受的基本上是“家学”。此时国家设立了新的机制，刻意介入豪门世族的教育，将他们从家里拉出来，转而到朝廷的学校中受教。这种学校和科举相互为用，进了朝廷设立的学校，当然比较容易在科举考试中获得好成绩，考试出身的官员又比较受青睐，多有晋升机会，如此逐渐地让世家大族内的人才转化为国家的人才。这可以视为“人才公共化”的重要过程与发展。

学校很重要，但如果没有考试制度配合的话，不会有那么多官员愿意将子弟送进学校接受国家提供的教育。两者配合的效果，清楚地反映在学科的变化移转上。

03

国家慢慢收夺世族的教育权

国子学、太学、四门学所教授的，主要是“经儒之学”。而在儒家经典传统的基础上，实质内容有着不同的重点。一个重点科目是“三礼”，也就是《礼记》《仪礼》和《周礼》。这是从过去北方世族家学中对于“礼学”的强调传承而来的。另外两个重点科目分别是“三传”——《左传》《公羊传》《穀梁传》，以及“三史”——《史记》《汉书》《后汉书》。前者是古代史，后者则是近代史，也是原本世族家学中用来保留家世渊源记忆的重要文献。

朝廷将原本世族家学中的内容置入国家学校中，再以此为考试内容，比较容易让世族接受，他们也才会愿意送子弟进学。如果世族子弟不进来，就无法收纳人才、将人才进行由私而公的转化了。

建立这套制度时，朝廷并没有摆出为难世族、和世族对抗的姿态，而是相对友善地表现，以原本世族家学中就在教和学的内容，设置了国家的精英教育体系，世族子弟进到学校里学的还是同一套东西，也很容易学得好，得到好成绩，继续维持在官场上的优势。等到世族子弟大量进入这个体系了，再慢慢收夺世族在政治人才上的控制权。

“经儒之学”教育内容的排序，反映了旧日世族家学所抱持的价值观。不论未来的专科是什么，都要先从《论语》《孝经》读起。《孝经》在南北朝愈来愈受重视，到了唐朝提升到和《论语》同等的地位，作为教育开端的第一部教材。《论语》和《孝经》合称“通经”，意思是所有人都该理解的普遍道理。

之后依照能力高下，区分出“大经”“中经”“小经”三种层级。“小经”指的是《易经》《书经》《公羊》《穀梁》；“中经”则是《诗经》《周礼》《仪礼》。“礼”的地位比“史”要高，《易经》被视为比较技术性的知识，所以在地位上不如提供人格教养作用的《诗经》。那么“大经”呢？那是“史”中地位最高的《左传》，加上“礼”中地位最高的《礼记》。

这样的次第安排，和汉朝很不一样，和宋朝、明朝的理学传统也很不一样，是来自中古世族家学的特殊背景。

04

玄宗时期，没有背景的人如何从地方进入中央？

国家设立的学校和考试间的关系，到了玄宗朝有了明确的变化。面对世族，朝廷此时有了较大的优势，于是采取了进一步降低世族垄断的措施。

四门学允许“庶人之俊逸者”送子弟入学，原本并未明言什么样的人符合“庶人之俊逸者”的标准。玄宗朝有了明确的两项规定：第一项是州县的优秀学生，在地方上已经通过考试的，可以送进四门学来受教；第二项是到京师来考试却落第的考生，也可以进四门学。

在此允许不具备中央官品子弟身份的人——真正的“庶人”进入国家的学校系统，而且将地方与中央的人才联系予以制度化。靠着在地方州县考试的优异表现，可以到京城来深造；从地方取得了到中央考试资格的人，就算没有考上，也能得到国家进一步的栽培。

也就是国家学校在原本的“身份制”之外，确立了另外一套“秀逸制”，没有背景的人可以单纯靠能力表现从地方崛起进入中央。如此前所未有的地方－中央直通人才通道，在玄宗时建立起来了。

玄宗时还有另一项变革，在原本的“二馆”之外，又添加了广文馆。从名称上看和原有的弘文、崇文很类似，但这个馆的形式和作用其实大不相同。原有的二馆是皇族子弟学校，广文馆却比较接近特别补习班。要进广文馆需符合两项条件：一、已经在国子学中进学；二、有足够程度和意愿去考进士科。

这是朝向“秀逸制”进一步倾斜的做法。到玄宗朝，进士科已经确立了在考试晋用制度中的至高地位，借由广文馆的设立，不论身份，国家为那些显现了特殊能力的人才提供具体协助，让他们可以拥有和皇族、世家子弟同等的教育资源，在进士科考试上一争长短。

科举分科的重要性区别随着时间发展逐渐形成。“三传”“三礼”“三史”等传统世族家学内容之上，有了“明经”“进士”“秀才”等科。“明经”等于是经学总科，要求的不是对特定经书有所掌握的能力，而是要对于所有的经书构成的经学，展现一定的理解能力。这样的性质，当然就高于源自经书分类的“三传”“三礼”“三史”。

明经考的是学习成就，证明你对经书内容已经学得很多、很透彻了。进士却不一样，原本设计时要考的是学习潜力，意谓着要检别出“可进之士”，也就是类似储备干部的概念。

要如何检别潜力呢？从考试科目上看，明经的重点放在测验出对于经书的熟悉程度，所以“策论”相对没那么重要，但在进士科，策论却是焦点。要能写策论，显现思考与表达的准备，才能说服考官你拥有可以往上发展的特性。

进士科专注在策论上，对策论没有足够准备，就无法在这里出头，于是很自然地，进士科考生的策论水平平均一定是高于明经考生的。也就是进士科策论的甲等和明经科策论的甲等，明显地不对等。在明经考试中可以拿到甲等的卷子，如果放到进士科里，很可能只排到乙等，甚至丙等。到了玄宗时，针对如此形成的差异，就进行了硬性的调整安排，规定明经的策论卷，只能评为丙等和丁等，只有进士科的策论卷才有可能得到甲等、乙等。

如此等于是制度性地将明经和进士排了高下，有甲、乙等的进士当然高于只能有丙、丁等的明经了！

05

为寒门而设的制举

明经、进士之外，还有秀才。唐代的“秀才”不同于宋代以下的秀才，非但不是科考中的下层功名，而且是最珍贵、最难考到的层级。秀才考试的资格不是自己可以报名的，需要经过地方推举。而且秀才及第的名额极为稀少。考试分及格和秀才两级，并不是所有及格的都能取得秀才资格。设定及格标准是为了区分出不及格的人，以此限制规范地方不得随意推荐。地方推荐来的人如果考了不及格的成绩，推荐者是要被追究惩罚的。

这样严格规定下，秀才后来就名存实亡了，前后开科 30 年，总共只录取了 29 位秀才，平均一年还考不到一个。甚至到后来地方上有很大的呼声要求停开秀才科，因为举荐人才有风险，考生成绩不佳，举荐的人还要受罚，难免令人望而却步。

秀才科之所以消失，还有一个因素：和“制举”的功能重叠。制举的特色是由皇帝当考官，来拔擢非常之才，所以地位最崇高，而且会设定特殊的项目。唐代考试在考棚中进行，天黑了自己要准备蜡烛，天冷了墨会结冰，也要自己想办法，甚至有时候规定只能带三根蜡烛进去，烧完了就看不到卷子了。但制举就不一样，因为是皇帝当主人，所以需要的东西都准备得好好的。

通过制举，皇帝都找些什么人才呢？高宗时开过一科，叫“志烈秋霜科”，后来又开了一个“幽素科”。武后掌权时开过“临难不顾，徇节宁邦科”“长才广度科”“沉迹下僚科”“疾恶科”。中宗时开的是“才膺管乐科”，要寻找和管仲、乐毅同等级的人才。玄宗时征选的是“哲人奇士逸伦屠钓”和“高才沉沦草泽自举”。代宗时开的科比较简单些，是“乐道安贫科”。

到了德宗以后，制举的科目大致固定了，所开的不外是“贤良方正能直言极谏”“博通坟典达于教化”等，不再有之前那种五花八门的奇特名称了。对比一下，难免要问：早期的制举为什么会这样规定？像是“志烈秋霜科”，这样怎么考、怎么选啊？还有，要出什么题目、如何拣选才能选到“才膺管乐”的人才？“安贫乐道”又怎么能成为考试科目呢？

关键在于，制举是皇帝用来对抗豪族的一种工具，是特别为寒门而设的，所以有一套清楚的价值。这些科别名称主要是指向受到身份限制而怀才不遇的人。“长才广度”“沉迹下僚”，这是不在框架里的人才，得不到应有的位置。“高才沉沦草泽自举”，这表现得更明白，有才却无渠道被认识，因为渠道被世族把持了，现在皇帝给你特别机会，从底层自己推荐。“逸伦屠钓”则是形容底层有高才却沦落到和屠夫钓客为伍。

背后反映的，是和科举相通的价值，对于那些被排除在世族掌控的人才渠道之外的人，朝廷要予以协助补救。借由制举，朝廷明白表示认为他们是被埋没了的人才。是什么力量、什么因素埋没了他们？当然是世族对于寒门的歧视态度。

制举到后来的“正常化”发展，是因为科举发挥了作用，寒门和世族的差距不再那么明显了。换句话说，在抢夺人才任用权力一事上，朝廷成功压过了世族，也就不需要再以制举这种刻意破格的方式来凸显了。于是制举逐渐变形为荣誉性质的，例如颜真卿、元稹、白居易、裴度、杜牧……这些唐代名人都有制举的功名，那是对于他们成就的一种锦上添花的肯定。

06

从宰相薛元超的人生遗憾看唐代社会地位机制

考明经，策论没那么重要，但考进士，非得有写策论的能力不可。这种状况到了贞观年间，又有了改变。进士的位阶不断提高，就有人主张应该再拉开和明经及其他科之间的距离。于是进士又多考了“杂文”，但“杂文”真正要考的，其实是写诗的能力。

进士愈来愈重要，这一科也就愈来愈难考。明经科平均一年大约录取 120 人，进士科只有差不多五分之一。而且进士录取的数量有很大差距，有一年只取一个，有一年取六个，最多的一年取了四十个。那么难考，以至于产生了当时流行的说法：“三十老明经，五十少进士。”30 岁考上明经，人家会说 30 岁才考上啊，但 50 岁考上进士，人家的评语却会是 50 岁就考上了啊！

昭宗光化四年的进士科，特别被称为“五老科”。这年一共录取了六位，其中一位 54 岁、一位 64 岁、一位 69 岁、一位 70 岁、一位 73 岁，是为“五老”。六个人里只有一个还不到“老”就考上进士了，但即使是唯一“不老”的，也已经虚岁五十了！“五老”其实还是含蓄的说法，明明就是“六老”或“通通老”啊！

正是因为进士那么难考，所以在中唐的文人中白居易有独特的地位。白居易无论在政治上还是文学上，说话都很大声，表现了很强烈的态度，他有条件如此张狂，因为他 28 岁就考上了进士，而且是参加科考的第二年就考上了。这样的进士资历在那个时代简直像奇迹一般。

到了唐朝，政治地位的来源，从原本的门第转成了科考。“五十少进士”反映的是大家愿意付出这么多年的时间一直考，因为要在政治上出人头地，除了这个渠道之外，其他的几乎都没有什么作用了。

唐高宗时的一位宰相薛元超留下了一段名言。他自认命好，得到了让别人羡慕的荣华富贵，不过回顾一生，仍然有三个遗憾：第一个遗憾，不是进士出身；第二个遗憾，未娶五姓女；第三个遗憾，不得修国史。这段话充分显现了唐代政治的特质。

薛元超科举考的是明经，就算一路升官到了宰相的地位，也还是感受到进士出身和非进士出身所得到的差别待遇。进士出身从考取上榜时，就有和其他科不一样的享受。在长安平康里，最热闹、最有名的是招待当科进士的曲江宴，没有进士资格的人，是享受不到这种人生最风光的待遇的！

薛元超的第二个遗憾其实和第一个联结在一起。如果是进士出身，中了进士还未娶妻的，那么曲江宴之后就会有世家大族来选婿，很自然地就能“娶五姓女”，和地位最高的五家联姻，取得世族的身份。

魏晋南北朝时，世族是政治与社会的双重中心，要想取得政治地位，必须是世族；要想有社会地位，也必须是世族。到了唐朝，世族失去了政治上的保障，却还是保留了社会上的巨大影响力。产生的现象就是社会地位与政治地位分离了，科举才是通往政治地位的有效通道。所以世族子弟也必须送去入学，看看能不能得到考试上的成就。如果实在考不出个名堂来，那还有一个办法，就是去找一个有科举功名的女婿来。如此世族的势力就和科举的地位有了交流、交换。

这样的交流、交换，对唐代社会影响深远，甚至影响了“传奇”观念语文类的形成。从唐代以降，到吴敬梓《儒林外史》中写“范进中举”，一脉相承的是科举考试所带来的人生戏剧性转折。考试提供了翻身的机会，可以彻底改变一个人的生活。由此进而开放了对于人生变化的想象，才会在那个时代突破了原来的秩序与框架，有了破格“传奇”存在的可能性。

从此之后中国集体心灵里就添加了穷困潦倒的读书人如何一夕翻身的固定形象，尤其衍生出许多变形故事。从读书时的遭遇（遇仙、遇鬼、遇狐……）到考试过程可能有的转折，再到结果揭晓时的人际待遇大逆转，附带还有书生的婚姻、家庭如何因考试结果而改变……这一切构成了中国说书、戏曲的核心，也就是后来“才子佳人”主题的社会与思想源头。“才子”是什么？根本定义就是会读书、有机会在考场扬名的人，所以他们身上具备激烈改变人生路途的潜力，才那么适合做故事的主角。

和复杂的社会地位资源交换有关的，还有婚姻中门当户对观念的转化。世族原本是最讲究门当户对的，婚姻一定要依照郡望高低来安排，但到了唐代之后，这种观念一方面变得更普遍，不限于世族门第；另一方面也变得比以往更加复杂了。而且这两种变化发展是彼此联结、相关的。

门当户对到这时候主要着眼于互补，有钱的人家要找有功名的女婿，有政治势力的人家要娶“五姓女”来提升自己的社会身份。因而会被卷入这种婚姻考量的人家性质多元，数量也大幅增加。长期以往，就变成了不论什么身份、什么地位，讲到婚姻就要考虑门当户对，婚姻带有高度的算计成分，牵涉到两家复杂的社会背景因素，过去相对比较单纯、素朴的婚姻形态基本上消失了。

这样的婚姻，关系家族与地位的部分升高，关系个人与情感的部分就随之下降了。无论男女都很难期待在婚姻中寻求情感的联结与安慰，也就连带改变了像平康里这种地方的性质。从接待科举胜利者的唐代平康里，一直到吴语小说《海上花列传》所描述的上海妓院情况，妓所提供的不是肉体情欲的发泄，而是在僵化的家庭人际关系之外比较自由的男女情感发展空间。

07

“兼修国史”对宰相意味着什么?

回到薛元超的第三个遗憾，什么是“不得修国史”?

唐代官制中，宰相不是只由一个人来担任，宰相是复数的，任何时候都有好几个宰相。汉朝那种一个人总领相权，作为朝廷官僚系统实质领导者的情况，到这时候已经不存在了。中央官制中最重要的是“三省”：中书省、门下省、尚书省。中书省负责拟议，建议这件事该怎么做。皇帝听取建议做出决定，写了诏书之后交给门下省去研究，看看是否有和其他制度、政策扞格矛盾之处，是不是有窒碍难行的地方。门下省没有行使封驳权，予以同意通过了，再交由尚书省执行。

理论上三省是这样分工的，三省的首长都是宰相，然而落到实践上，三个单位之间很容易有矛盾和冲突。也许是中书不满门下的封驳，也许是尚书不满中书做了难以执行的拟议，因而就设置让三个单位可以协调讨论的政事堂。

不过三个单位协调的这个政事堂，从来都不是三个人开会。政事堂后来改名为“中书门下”，三个单位只剩下两个在名称中，为什么？因为唐高祖时，李世民曾经担任尚书令，等到李世民当皇帝了，就没有人敢再当尚书令了。所以参与讨论的，是门下、中书再加两个尚书仆射。除此之外，如果觉得还有应该来政事堂或中书门下开会的人，就给予特殊的头衔，包括“知政事”“参与朝政”“参议朝政”“知门下省事”“朝章国典”“参议得失”“参知政事”“专典机密”“平章国计”“平章政事”“同掌机务”“参知机务”“参长机密”“参谋政事”“同治中国政事”“兼知政事”“平章军国重事”“参知机务军国各事宜共平章”“同中书门下三品”“同中书门下平章事”，等等。这种头衔戴上了任何一个，能够参与政事堂会议，就是宰相。

如此一来，宰相有很多个，于是如果在众宰相中还要有一个真正的领袖，那就再特别给他一个头衔，就是“兼修国史”，这是宰相中的宰相。所以薛元超遗憾的是自己做到了宰相，但只是群相之一，没有真正到达顶点，成为相中之相。

唐代的这套制度，相较于汉代的政府组织与运作，是混乱的。相权被分割了，也必然被矮化了，更麻烦的是“宫中”与“朝中”没有清楚的划分。汉代的“三公九卿”，三公管外朝，九卿处理内朝皇宫事务，清清楚楚。唐代“九卿”变成了“九室”，但“九室”职责不单纯限于宫内。

在汉朝的制度中，“大司农”管国家财政，“少府”则是管皇帝的私人账户，两者是明确分开的。在唐代，这两个单位被并成了“太府”，不再区分属于朝廷、政府的资源和属于皇帝、宫中的了。原本服务宫中的“九卿”，这时很大一部分成了尚书省的执行单位，所以又设立了“内侍省”“殿中省”“秘书省”，取代原本九卿管理宫中事务的功能。秘书省管天文历法，殿中省管皇帝生活相关事项，其他的就由内侍省负责处理。

“内侍省”由内侍组成，成员都是宦官。刚设立时员额是527人，但后来一路扩张膨胀，达到4000多人。这也是唐代宦官问题的主要根源。为什么有那么多宦官？因为本来由九卿分工处理的宫中繁杂事务，现在都属内侍省管辖范围。内侍不断扩权，以其独特的身份形成了格外紧密的团体，是中晚唐政治上巨大的问题。

08

唐代科举制“不糊名”的影响有哪些？

科举制在唐代的发展，终于将南北朝以来的世家大族势力进行了彻底的调整，让朝廷得以夺回人才任用权。不过唐朝的科举和宋代以下的科举，还是有所不同。宋代科举开始有了“糊名”的做法，就是考官阅卷时不会看到考生的名字。所以会发生像欧阳修改到苏轼写的精彩卷子，误以为是出于自己的学生曾巩，为了避嫌而不给他第一名的事。

宋代以降，科举对于防弊愈来愈讲究，“糊名”之后又有统一抄写的做法。担心考官可以辨认考生的笔迹，因而又多添一层功夫，将考卷全部由专人誊抄一遍。长此以往，中国人考试特别讲究这类的公平，就怕考官评分时有私心，有时甚至因此牺牲了考试检别人才的作用。

唐代的科举考试谁考得好、谁考不好，还有很多考卷以外的因素，不全靠卷子上写了什么。广文馆是许多进士考生齐聚的地方，也就成了考生努力创造自己知名度的重要场域。最好是进考场前就已经让考官认得、记得你的名字，这当然有助于得到较好的成绩。

陈子昂就是一个擅长扩大自我知名度的文人。流传下来的故事说他曾经以重金买了一把名贵的胡琴，广邀众友来欣赏名琴，却在聚会中戏剧性地将名琴摔毁，在众人错愕时表示，自己不通琴艺，但擅长诗赋，同时当场分发自己的诗赋作品。如此一来，长安城内人人传诵，大家就都知道陈子昂的名字，也都读他的作品了。而且他当时写的诗，留有六朝道玄意味，鼓吹去除欲望，看破财富之虚妄，也的确和他舍得毁名琴葬送重金的行为相应和。

到后来自我宣传的做法也制度化了，要考进士，大致都要先做三件事："干谒""温卷"与"自赞"。

"干谒"是将自己的诗文送去给有可能当考官的人，附上自己的名片，祈望读文章的人因此对你的名字留下印象。白居易干谒时曾经将文章送到顾况那里去，不过有趣的是顾况先对他的名字有印象、有意见。叫"居易"的人跑到长安来了，而首都长安最大的特色就是百物价腾，"长安居大不易"啊！然后打开诗文，看到了他写的诗："离离原上草，一岁一枯荣。野火烧不尽，春风吹又生。"顾况就顺着称赞说：能写出这种诗，在长安也许就"居易"了，可以住下去。后来白居易就借顾况的赏识中了进士。

这种有可能当考官的人，一定经常收到干谒的名片和文章，他看不了那么多，也不会对每个人都有印象。所以送一次不够，还要送第二次、第三次，这就叫“温卷”。看到了似乎有点熟的名字，就更可能将文章打开来品评。用这种方式激烈竞争潜在考官的注意力，送去的作品可不能长篇大论，要能快速吸引眼光，最有效的当然就是诗，而且是近体诗了。前面所举的例子，让顾况看了立刻有印象的白居易的作品，是一首精简短小的五言绝句，有其必然的道理。

不管是干谒还是温卷，都是送文件过去，没有把握对方一定会收到。为了确保有机会让对方留下印象，有时候还要层层从看门的打点起。如果真的要确认对方收到了，那就要“自赞”，就是找机会在各种可能的场合，甚至包括在路上遇到对方，亲自将诗文交纳过去。

考试功名涉及知名度，孤零零一个人在长安城要这样出头很难，于是就有了结党相帮的需要，你称赞我，我称赞你，彼此吹捧肯定要比一个人单打独斗方便多了。这在当时叫作“结棚”，“棚”指的是考棚，也就是为了提高考中机会而互相结党的做法。结棚的人如果多了，胆子大了甚至还会“闹棚”，对考试待遇或考试结果进行集体抗议，这成为长安的特殊社会问题。

除此之外，考卷没有“糊名”，使得考生和考官的关系很密切。考前就要想办法认识、巴结考官，一旦考上了当然更是互动频繁。这也就是中唐以下出现党争的一个背景。

09

牛李党争，门第最后的回光返照

党争中最严重的，是分成了“牛党”和“李党”，“牛党”领袖是牛僧孺，“李党”领袖是李德裕。这两党斗得那么厉害，除了彼此利益冲突之外，还有更根本、更难解决的出身差异。“牛党”成员基本上都是进士出身，而且大多没有世族背景，就算极少数有的，也是来自没落世族。这些人一般都长于写诗，才能进士及第。

相对地，“李党”中几乎没有进士，而且很多人都来自山东世族，在科举上是明经科出身。到这个时候，明经逐渐变成了旧世族子弟的集结之处，通过考官与考生的关系，大量将世族子弟选入明经科来。于是“李党”实质上成了中古世族势力的最后集结，提供他们如此回光返照的，仍然是科举。

有惩于激烈党争的成因与在政治上造成的巨大破坏，到了宋代，必须针对科举进行大幅的“近世转化”。像是“糊名”“抄写”这些细节调整，还有像是明代订定“八股”规范的大变化，一直进行着。不过毕竟科举的大部分精神与作用还是在唐代奠定了，被保留到 1905 年清廷废科举为止。尤其是朝廷摆脱了贵族世家出身偏见来选拔人才，借考试促进社会阶层上下流动，这两个特征始终贯穿保留着。

第九讲

跃动的复古精神

01

唐宋之间的“古文运动”究竟是什么？

诗在唐代有了重大的发展，但唐诗不能代表中国所有的诗，在此之前有六朝的诗，在此之后有宋诗。即使是表面上看起来同样的诗体，宋代文人写诗时往往带着清楚的意识，要写出和唐诗不一样的作品。宋诗与唐诗之间，其实是有着精神与风格上的紧张关系的。

宋诗中最重要的“江西诗派”，他们认同的唐代诗人，不是李白、杜甫，也不是白居易或李商隐，而是韩愈。而选择韩愈，毋宁说是源自他们心中对于“古文”的尊重与拥抱吧！在文章上，相较于诗，宋代文人对唐代有更高的肯定与继承。讲到文章，至今我们仍然推崇“唐宋八大家”，将韩愈、柳宗元和宋代的六位作者放在一起，视为同一个派别，属于同一个传统。

“唐宋八大家”当然不可能是唐人的说法，宋代文人看重韩愈、柳宗元的是他们所发动和代表的“古文运动”，视自己为这个运动的继承者。

中国文字不是表音的，在本质上便必然产生了“文言分离”的独特状况，文字可以脱离语言而存在，并不依随语言变化，有了自身的生命。文字传统中很早就形成了“韵文”和“散文”两大系统。最古老的两部文献，《尚书》是散文，《诗经》是韵文。也就是说，《尚书》的内容主要是以字的形体来承载传递的，和这些字的读音没有太大的关系，完全不了解字的读音无碍于阅读、理解《尚书》。《诗经》不一样，其内容源自诗歌，是歌唱性的，有着明确的韵，文字保留了声音，要理解韵，才能领略这些诗的写法，才能感受诗中声音所产生的韵律性。

这两大系统的发展，至迟到了汉代就有了非常清楚的功能分别。简略地说，记述和议论用散文来表现，韵文主要用来发抒主观的感受。中国没有西方式的“史诗”，也没有长篇的“叙事诗”，那都是用韵文来说故事和叙述的。虽然留下了像《孔雀东南飞》这样的经典作品，但放在中国文学史脉络中看，那样的作品是特例，是昙花一现的难得珍品，是逆反主流所出现的异类。

主流是散文负责客观的描述与议论，韵文负责主观的感受。散文的功能性比韵文强，其运用也比韵文来得广。从秦汉时期便建立起的“早熟的帝国”必须依赖公家文书将帝国中的各个异质区域统合在一起，更助长了散文在功能性上的拓展。公家文书中的“诏”“令”“奏”“议”，都是用散文形式书写的。从公家文书推衍到其他领域中所需的应用文，也是用散文形式书写的。

如此就进一步深化了散文和韵文的差异。韵文本身就是目的，除了情感之外，还有声音上的艺术性可以去追求、完成；而散文却带着强烈的手段意味，是很有效的手段，是为了服务其他目的、更高目的而存在的。

02

韵文与散文的发展变化

这种划分在汉代还没有那么清楚的高下分判，但到了魏晋时期，建安文学风格与品味格外强调无目的的文学才是真正的文学、最好的文学。这是和六朝的贵族文化相应和的价值观，轻视实用，凸显只有贵族才能享有的非实用美感。现实是世俗，地位比较低，必须脱俗，也就是摆脱实用，才能彰显清高。

魏晋的贵族文化带有强烈的表演性，刻意夸张显示和一般人不同的地方，一般人重视的，在这样的表演中就相反地被轻蔑对待。这样的性格塑造了文学上的新意识，文学要离俗，要高蹈，于是具备实用性的散文，相较于没那么实用的韵文，就被贬抑下去了。

六朝的文学发展在于让文字内在更加精细，声音安排更加巧妙，所以流行骈文。骈文是“骈俪之文”，名称本身就指出了排比对偶的特质，绝大部分的句子都是用四字或六字构成的，而且两两对偶，有时四四对偶，从字音到字义，甚至到字形都要讲究对称。

骈俪之文讲究形式之美，写作时必须将精力花在照顾排比、对仗的巧妙安排上，以至于往往就顾不到以这种华美繁丽的形式到底要表达什么了。骈俪之文有着清楚外显的形式之美，但形式琢磨得愈美，也就愈发显现出内容的空洞，成了文字和声音上的游戏。

对于骈文的强调，到了六朝后半叶，改变了原本散文与韵文的关系。散文的功能性文字，这时候骈俪化了，就连公家文书中的“诏”“令”“奏”“议”，都要用华丽的骈文来写，都要讲究文义和声音上的四六对仗了。也就是原先属于韵文的这种精神逐渐侵犯、进而淹没了散文，以至于连朋友之间的酬答书信写起来也都是严格四六对仗的。

尤其在南方，这种倾向格外严重，宫体诗文极度绚烂，成熟甜腻到了几近要腐烂的地步。隋炀帝喜爱、羡慕的就是这种南方的华丽侈靡。但到了唐朝建立后，开始有了要建立新朝代风格的意识，再加上来自北方的不同文化标准，于是就产生了对这种风格的批判与反对。

03

唐代第一波复古运动
——陈子昂、李白“返远古”

初唐文坛中，陈子昂占有特殊的地位，一部分就来自他最早提出了批判六朝侈靡的主张。《子昂集》的序言中就说：

文章道弊五百年矣，汉魏风骨，晋宋莫传，然而文献有可征者；仆尝暇时观齐梁间诗，采丽竞繁，而兴寄都绝，每以永叹。

明白地标示了“五百年”，也就是从唐代往上溯到汉魏的时间。汉魏文章的精神，从晋以下就失传了，取而代之的是南朝的诗，将注意力都放在“丽”与“繁”的追求上，以至于遗忘了文学应该要有的真诚感受与思想表达，令人遗憾叹息啊！

这是陈子昂在唐初的“新时代宣言”，将汉魏之前视为理想典范，相对地后来的六朝则是堕落、败坏的，内中就包含了复古的态度。继承陈子昂这种态度加以开拓的，是李白：

大雅久不作，吾衰竟谁陈？……废兴虽万变，宪章亦已沦。自从建安来，绮丽不足珍。圣代复元古，垂衣贵清真。……我志在删述，垂辉映千春。

他自己所处的是衰世，在动荡变化中虽然有了新朝代，但美好的典章沉沦不见了。衰世的划分起点，是曹魏的建安年间，从那之后风格绮丽，没有真正的好东西。所以当前该做的，是“复元古”，回到那种素朴、纯真的状态。最后他口气很大，表示要做这个新时代的孔子，像孔子删《诗》《书》那样，恢复“元古”的文化，一路百年、千年传下去。

这是唐朝的第一波复古运动，重点放在诗上，而不是文。这一波复古的思想明确提出了要“返远古”，也就是扬弃刚刚结束的那个时代，以在此之前被六朝取代的汉魏风格为理想，来矫正错误的发展。

陈子昂、李白写出了和宫体诗很不一样的韵文作品，去除了华丽细致的文字与声音，将许多相对较为散文化的词句放入诗中。同时放大了诗的篇幅，增加诗的内容上的关怀，让诗不限于对于闺房内景的描述。

不过陈子昂、李白所代表的这波复古运动，在时间上和近体诗规律的形成重叠，近体诗的严格规律，和他们复古所要展现的自由

“清真”彼此抵触。陈子昂、李白都不爱写近体诗，多用古体，但那是近体诗正在兴起的时代，这样的时代气氛就将他们的复古呼声给压下去了。他们的复古是要将诗从形式的约束中解放出来，得到开阔的空间，但大环境走的却是创造一种新形式、新规范的方向，包括为了因应科举而让诗变得更精炼、更简约。

04

唐代第二波复古运动
——韩愈、柳宗元“文以载道”与“文道合一”

韩愈、柳宗元领导的，是第二波复古运动，也就是后世所称的“古文运动”，文体的重点从韵文转到了散文。韩愈找到了一个对的载体来推动复古的精神，不是以诗来复古，而是以文，取得了比陈子昂、李白他们更醒目、更坚实的改革成就。

传统上讲到韩愈的文章，一定要提“文以载道”的信念。这个信念是复古精神中的一部分，就是针对六朝文章中只注意表面华美而不在乎内在信息的倾向。从建安以下，标举形式之美，抬高形式的重要性，而且将没有目的、单纯创造文字声音美感的文章视为最高等的。“文以载道”就是强调文章本身不是目的，而是为了所记录、表达的真理而存在的。

不过在谈文章道理时，除了“文以载道”外，韩愈更凸显“文道合一”。“文以载道”规范要先有想传递的信息、道理、信念才写文章，不要为写文章而写文章。“文道合一”则进一步讲究什么样的人写什么样的文章，要写自己真正知道、真正相信的。“道”就是人的基本信念、基本态度，文章不能离开写作者的信念与态度，文章应该忠实反映写作者具备如何的人格与修养，是一个什么样的人。

韩愈已经提出了比“文以载道”更高一层的理想，主要的核心在主张文章和作者不能分开。这是复古运动和六朝文章观念最大的差异。复古所要回复的，不只是先秦汉魏古人写文章的方式，更是要回复他们看待文章的方式。的确，从周代王官学沿着儒家、经学一路传承下来，是有一份对于人与文关系的坚持的。简言之，坏人写不了好文章，好人也不可能写出坏文章，文章可以如实地反映一个人的根本人格价值。

这样的信念在六朝名士贵族文化中动摇、改变了。名士的生活本身就是分裂矛盾的。背后是乱世中必须勉强维持的家族秩序，外表则是为了凸显贵族身份而产生的种种豁达甚至狂乱表演。源自儒家的家礼秩序和虚玄的道佛新思想在他们身上同时并存。一方面摇着麈尾谈玄道佛，转身又写依循四六对仗规则的骈文。

陶渊明之所以在六朝如此突出，正因为他是那个时代少有的内外合一，不分裂、不矛盾的人，在他的诗中写出了真切的生活信念与体验。

韩愈清楚从六朝而来的这种矛盾分裂，所以主张越过六朝，重新接触文与人合而为一的原则、境界。文章应该“有我”，有一个真实的作者在那里，是谁写的就反映他所相信的，也是他希望说服别人接受的。

05

韩愈：复古恢复的是古代文章的精神

韩愈最有名的文章之一，是曾经给他带来大祸的《谏迎佛骨表》，在上表给皇帝的文章中大肆攻击佛教。文章中主要的批评意见是佛教是外来的。但这其实不是韩愈反对佛教最重要的看法。更根本的是佛教要人清净清空，如果达到佛教追求的清净清空，人就没有什么立场，也没有什么主张要表达了。韩愈更核心的精神在于提出一份彻底逆反佛道的人的观念，人要有“我”，要有信念和价值，而文章必须出于这样的“有我”的人才有意义，也才值得书写。

与韩愈同时代的张籍基本上是同情韩愈的，他也认为不能忍受有那么多空洞的文章，应该反对这样的风习。他写过一封信给韩愈，信中一方面表示支持韩愈的立场，文章应该承载世间的真理，但另一方面也提出了一个质疑。从历史上看，春秋战国到汉代，也就是韩愈所推崇的“古文”的时代，会写文章的人偏偏写的都不是“文章”，他们写的是书，一本一本完整的著述。因而如果真要实践复古，那韩愈你是不是也应该去写书呢？这才是恢复传统的彻底做法吧？

韩愈回了信，信的内容看起来是颇心虚的，应该尚未想清楚。要再过好几年，韩愈才终于找到更坚实的道理，将比较成熟的想法写在一篇名为《送高闲上人序》的文章里。他特别提到了写草书的张旭：

往时张旭善草书，不治他技，喜怒窘穷，忧悲愉佚，怨恨思慕，酣醉无聊不平，有动于心，必于草书焉发之。观于物，见山水崖谷、鸟兽虫鱼、草木之花实、日月列星、风雨水火、雷霆霹雳、歌舞战斗、天地事物之变、可喜可愕，一寓于书。

张旭只写草书，其他什么都不会，也都不在意。所以心中任何的情绪，他都用草书来记录、表达。遇到了任何经验，无论是游山玩水、与自然相遇，乃至于人间事物中最美好和最激烈的，他都表现在草书上。所以他的草书能写到那种程度，那么美又那么极致。

故旭之书，变动犹鬼神不可端倪，以此终其身而名后世。今闲之于草书，有旭之心哉？不得其心而逐其迹，未见其能旭也。

如此用生命全幅去写草书，张旭的草书中就包纳了一切，具备一种神秘的完整性，好像一切的变化可能性都含藏在其中，草书总结了他的一生，也让他留下身后之名。先这样描述了张旭与草书之间的关系，接着韩愈简单称赞高闲，说他的草书之所以写得好，是因为有张旭的心，而不是单纯追逐模仿张旭写出的字迹。只模仿字迹而不能体会张旭的心，是不可能写出张旭那样的草书的。

在这里显现了韩愈成熟的态度，更有效地回应了张籍的质疑。所谓复古不是重复古人的话，而是用古人的本真方式来说自己的话。孟子、扬雄的文章俱在，哪需要韩愈在这个时代再写一次同样的呢？那种做法是“逐其迹”，而重要的是“得其心”。复古恢复的是古代文章的精神，强调文章的形式应该配合内容，让内容能够充分表达，而不是倒过来让内容服务形式。看到张旭的草书写得那么好，就模仿它写出来的、已经在那里的字，如此“逐其迹”的做法绝对不可能写出好字来，因为没有触碰到张旭将一切都投注在草书上的那种生命形态。不是那样的人，就写不出那样的字。

06

韩愈：写文章反对模仿古人，主张自我风格

许多证据都指明了，韩愈鼓吹的“古文运动”，不是要模仿古人。在另一篇重要的文章《南阳樊绍述墓志铭》中，他说：

多矣哉！古未尝有也。然而必出于己，不袭蹈前人一言一句，又何其难也！必出入仁义，其富若生蓄，万物必具，海含地负。放恣横从，无所统纪。

世界上存在那么多事物与现象，很多根本不是古时有的，然而当要以语言、文字来表达时，我们却总是必须运用古人流传下来的说法，完全自我创造简直就不可能。一定要认知的是万物如此多样丰富，不是既有的文字及秩序能够统纳的。

在《答刘正夫书》中又说：

圣人之道，不用文则已，用则必尚其能者。能者非他，能自树立，不因循者是也。

圣人的道理极其高妙，不一定都能以文字表达，如果要诉诸文字，就应该找有本事的人来写。什么样的人是有本事的？没别的，能够创造自我风格，不抄袭、不沿用别人写的，就是有能力的人。

韩愈是个心高气傲的人，他明确地反对模仿前人写作。他所说的“古”，是用来反对“今”的，借由“古”来反衬“今”的堕落不堪，关键在革除现在的流行，如此而解放出可以说真话、可以创造自我风格的空间。“复古”不是将古代的东西搬过来，那样就掉入张籍的问题里了：为什么你写的和古人的不一样——古人写书，你却写文章？面对这个问题，韩愈原先说不清楚，后来他想清楚也说清楚了。

韩愈不只有想法、有理论，他还有可以实现想法、理论的作品。在韩愈之前，李翱也提过复古的主张，但李翱自己承认，困难在于跨越当下的风格，去写出有古风的好文章。有理论，却写不出自己的理论中认定应该要写的那种文章。

韩愈，加上柳宗元，之所以影响力那么大，是因为他们写出了让当代人不得不服气的文章。苏轼对于唐代文学的形容是：“学韩而不至者为皇甫湜，学皇甫湜而不至者为孙樵。自樵以降，无足观矣。”到了宋代，大家都想学韩愈，但大部分人都学不成，勉强学得像皇甫湜。皇甫湜也不好学，志气没那么高的，退而求其次，想学皇甫湜，但还是很多人学不像，勉强只达到孙樵的水平。至于那些连孙樵都学不来的，就没什么好看、没什么好说的了。

为什么那么多人想学韩愈，却又那么难学？因为韩愈写和人家不一样的东西，很新鲜，很吸引人，他会刻意去寻求不重复时人的写法，但他写的其实不是真正古代的文章，而是有着强烈自我风格的，光靠模仿古人是写不出那种文章的。更重要的是，他的文章往往都有清楚的主张，有一套绵密的理论，没有主张的人写不来，没有逻辑理论根底的人也写不来。

07

柳宗元：文章是拿来明道用的

韩愈不是单纯地要文以载道，也不是要单纯地复古。韩愈之外，柳宗元也在《答韦中立论师道书》中表明了他对文章的看法。

始吾幼且少，为文章，以辞为工。及长，乃知文者以明道，是固不苟为炳炳烺烺，务采色、夸声音而以为能也。……故吾每为文章，未尝敢以轻心掉之，惧其剽而不留也；未尝敢以怠心易之，惧其弛而不严也；未尝敢以昏气出之，惧其昧没而杂也；未尝敢以矜气作之，惧其偃蹇而骄也。

小时候不懂事，写文章都专注于锻炼文句，长大了明白文章真正的目的是承载、阐明道理，于是写法就改变了，不再任意以好听的声音、华美的词藻来自我标榜。然后就有了几项自我约束的守则：写文章时不能掉以轻心，那样写流于俗，和别人一样，就无法留传了；不能偷懒，一偷懒文章就松散不严谨了；不能迷迷糊糊，那样文章就杂乱不纯粹了；不能骄傲，一骄傲文章就不诚恳了。

抑之欲其奥，扬之欲其明，疏之欲其通，廉之欲其节，激而发之欲其清，固而存之欲其重，此吾所以羽翼夫道也。本之《书》以求其质，本之《诗》以求其恒，本之《礼》以求其宜，本之《春秋》以求其断，本之《易》以求其动，此吾所以取道之原也。

还要有相反相成的琢磨功夫。学会如何让文章低调才能有表现深奥的内容，如何让文章高昂明亮，如何写得通顺，如何写得简洁而不拖泥带水，如何去除杂质，如何增加分量使其凝重不轻佻，这些都是更有效地传递道理的手段。

再下来，是向至高的经书学习。不同的经典有不同的风格，可以给予文章不同的素质。从《尚书》那里学习质朴，从《诗经》那里学习表现恒常的人情，从《礼记》那里学习什么是合宜的态度与语气，从《春秋》那里学习表达评断意见，从《易经》那里学习变化灵动。这就不只是表现道理的手段了，而是探触道理的根源。

如此还不够：

参之穀梁氏以厉其气，参之《孟》《荀》以畅其支，参之《庄》《老》以肆其端，参之《国语》以博其趣，参之《离骚》以致其幽，参之太史公以著其洁，此吾所以旁推交通而以为之文也。

还有几个重要的文章示范，必须认真参考，深化对文章的理解。《春秋穀梁传》的长处在坚决的语气，《孟子》《荀子》在精妙安排复杂的旁枝，《庄子》《老子》在发散、宽阔的精神，《国语》在于有众多有趣的故事，《离骚》在创造幽微的气氛，太史公的《史记》示范了干净漂亮的叙述手法。

如此，柳宗元不只是强调了写文章所需的种种准备，显现要写好文章有多么不容易，同时等于是从文章风格及长处的角度，评点了古代的重要著作，表现了他对于这些著作的认识。这也就是“得其心而逐其迹”，彻底认识了古人的内在心意，再探究其外在行文，如此才取得了能够复古的条件，具备了有效表达自我意见的能力。

韩愈说“文以载道”“文道合一”，柳宗元则说“即文以见道”，阅读文章是为了认识道理、发现真理。文章不能离开这个目的，也必须依照这个目的的需要去锻炼、琢磨。

08

中唐至晚唐，散文性质的大革命

韩愈、柳宗元的“复古”改造了散文的基本性质，提高了散文的地位。六朝时，韵文大幅侵夺了散文的领域，连许多应用文都改以韵文来写了，但到了韩、柳，他们给了散文新的地位。高度发展的诗有了许多的因袭套路，弥漫着彼此抄袭的的味道，也就离“道”愈来愈远。诗无法表现个人体会，以及对于宇宙世界的认识、对于真理的探索。散文比诗更接近这些根本的追求。

诗有太多形式上的限制，写来必须不断考虑配合文字、声音的框架，散文相对比较自由。而且散文原本就带有工具性，于是站在“弘道”——探索和传递真理——的立场上，反而比诗更重要。散文比诗更接近真理、真情，真情是自己感受的，真理是自己相信的，要让别人感受、说服别人也相信，只有靠散文。在表达真情、真理上，散文比诗更有效。

于是从韩愈、柳宗元以降，不只是散文有了不同的写法，而且散文和韵文的关系有了不同的性质。中唐之后，散文可以和韵文平起平坐，散文创作成了新的重点，在气势与成就上都压过了习惯成自然、呈现疲态的诗。借着“复古”的观念，散文翻出了新面貌，灌注了新能量。

散文这个领域打开了很大的空间。要了解这部分的发展，最简单也最有效的方式，就是查看一下《唐文粹》。这是一部有一百卷的大书，在北宋初年，也就是唐代结束后没多久由姚铉编成。宋朝建立，依循中国传统朝代惯例，要整理前朝的历史，很明显地，宋人眼中看到的唐朝，首先就是一个文风很盛、文章有高度成就的朝代，所以很快就编辑存留了《唐文粹》。

对于唐代文章的收集整理工作，比诗更早。《唐文粹》一百卷，有着很特别的分类，如果拿来和在此之前的经典文章合集《昭明文选》比对，我们就能清楚看出唐代文章的特色。

《唐文粹》中第一卷到第九卷，是“古赋”，就是从汉赋沿袭下来的文体；第十卷到第十八卷，是“诗”，是很特别的以文入诗的作品；第十九卷到第二十二卷是“颂”；第二十三卷、第二十四卷是“赞”；第二十五卷到第三十卷，是“表奏书疏”，也就是朝廷的公文，朝廷上用的文章；第三十一卷到第三十三卷，有一个奇怪的分类，叫作“文”；接下来第三十四卷到第三十八卷，是“论”；第三十九卷到第四十二卷，是“议”；第四十三卷到第四十九卷，又有一个奇怪的分类，叫作“古文”；第五十卷到第六十五卷，是“碑”；第六十六卷到第七十卷，是“铭”，铭文，碑铭其实很接近；第七十一卷到第七十八卷，叫作“记”；第七十九卷到第九十卷，是“书”；第九十一卷到第九十八卷，是“序”；第九十九卷、第一百卷，叫“传录记事”。

对照一下，大致除了第三十一卷到第三十三卷的“文”之外，前面四十二卷的分类，《昭明文选》中都有。然而后面大半部分的类别则是《昭明文选》中没有或置于边缘不重要的。

首先，《唐文粹》中的碑文比《昭明文选》中的重要得多。将“碑”和“铭”两类加在一起，一百卷中占了二十一卷。在这点上，清楚反映了韩愈的影响。在此之前，碑铭在散文中原本是固定到僵化的形式。这种要刻在石头或木头上的文字，一般就是填些冠冕堂皇的客套话，没有什么个人发挥空间。然而即便是这种文体，到了韩愈手中，也能翻出新意，写得淋漓生动。韩愈写了很多墓志铭，那是他的一项收入来源。他的写法不套公式，以他“载道”的根本精神去总结一个人的生命经验意义，让出钱的人大为感动，吸引了更多人出更高的价钱拜托他来写。很快地就有人仿效韩愈的方式写碑铭体文章，改变了这种体裁的写法，抬高了其地位。

另外突出的还有占了八卷篇幅的“记”，这个文体的发达则主要受了柳宗元的影响。

韩愈作品中“记”并不常见，“记”是柳宗元最爱写也最擅长的一种文体。“记”指的是小品杂记，像被收入许多选本的名文《黔之驴》，成语“黔驴技穷”来源的那篇文章，就是“记”。还有《临江之麋》《永某氏之鼠》，都是“记”。此外，《种树郭橐驼传》，篇名虽叫作“传”，但实际内容也是充满趣味故事的小品，也是“记”。

柳宗元写的“记”，有时以“说”题名，例如《捕蛇者说》《谪龙说》《罴说》和《观八骏图说》，写的内容属于杂说杂记。《昭明文选》里没有这种体裁，但在唐代变得很普遍、很重要。杂说杂记是作者从主观角度对于生活、生命的小感悟、小反省，选择趣味故事以接近寓言的方式表出，是一种以小见大的写法。

再看看《唐文粹》中占了十二卷的“书”，也就是书信。魏晋以降开始流行“书牍”，那和书法的“帖”有着密切关系。不过六朝人的“帖”往往很简单，就是寥寥几句，仍然保留了高度私人传信的性质。然而在唐朝古文运动之后，“书”成为正式的文体，主要用来向朋友表达论说意见，有着明确的对象。这种体裁最适合以带有感情的语气来抒发、解释自己的信念，尤其是表达自己不同于流俗或容易被误解的想法。在一对一的亲近关系中，可以倾心将想说的话都说出来。

韩愈说明什么是“古文”、为什么要提倡“古文”的文章，很多都是刻意找了适当的对象用这种书信体写成的。前面引用柳宗元谈“古文”的内容，来自《答韦中立论师道书》，也是一封书信。之前韦中立先有一封信谈到老师与师道，然后才有柳宗元的答书。

09

从《唐文粹》看古文运动的成就

另一个重要的文体，是占了八卷的“序”。“序”指的是前言，书序就是放在书的最前面，引导解释后面书的内容的。《兰亭集序》是为在兰亭的集会中大家写出的诗，由王羲之在前面写的一篇序，说明这些诗的来历。不过到今天，《兰亭诗》基本上没人读了，倒是《兰亭集序》成了书法和文学上的双重经典，一直流传下来。

从《兰亭集序》的例子可以看出来，“序”这个原本附随性的文体，逐渐取得了独立的地位，到《唐文粹》就自成一类了。这样的发展在唐代极为突出，《李太白文集》共五卷，其中竟然有两卷是序。里面所收录的，很多是“诗序”。随着诗的流行，诗人写文章的一个动机，是在诗作前面说明在什么情况下为了谁写了这样一首诗。出于这样的需求，序不可能长篇大论，进而序也就取得了特殊的情感地位，通常记录一段浓厚情缘，浓厚到必须写诗来应答或致念。到后来，序的内在情感特性甚至超越了原本的形式规范，而出现了“无诗之序”，要言简意赅、纸短情长地表达感动时，就写一篇序，不必再管有没有诗跟随在序之后。序从说明诗的文章，变成了代诗之文，有序就可以不必再有后面的诗，也可以用序来互相酬答。相对于诗，序更自由，也就更容易创造一种抒发真情的氛围。

《唐文粹》最后两卷的“传录记事”，其实就是我们一般说的“唐传奇”。关于“传奇”和古文运动之间的关系，向来有两种截然相反的说法。一种说法是认为古文运动受到了流传在民间的传奇影响，看到了那样活泼、远离骈俪形式的语气和叙事方式，刺激了想要摆脱“今文”限制的冲动，催生了回返“古文”的主张。不过钱宾四先生认为影响的主客应该倒过来，先有古文运动打开了语言文字空间，才产生了传奇中那样生动的叙事。因为史料不是那么多，很难判断哪种说法比较接近史实。

再回头看《唐文粹》中的“文”和“古文”这两个分类。一百卷中所收的，哪一篇不是“文”？如果不是“文”，又怎么会被收进文粹里？怎么会还生出一个“文”的类别来？这就必须将“文”和“古文”两类放在一起比对，还要继续和《昭明文选》比对，查看姚铉在这两类中各自放进了什么样的文章，才能解答。

“文”中所收的，大致就是在古文运动发挥作用之前，像是理所当然可以收入《昭明文选》的文章，但又没有明确的体裁可以安置，那就放在这类中。也就是“文”和“古文”是对应的，不能归纳到其他文体中的文章，姚铉细心地依照其写法、风格，再分成两类，一是“文”，一是“古文”。

这意味着到姚铉编《唐文粹》时，他清楚地意识到有一种文章是用新兴、流行的“古文”风格写的，另有一种则是在古文之前所流行的风格，已经被古文边缘化，是快要被古文淘汰的风格。他强烈地感受到了这两者之间的差别，知道两者有不同的精神和目的，因而不能把它们放在一起，一定要分开。在北宋初年，他已经明确区分出来，“古文”是新的现象、新的发展，“古文”之前的属于旧的、落伍的文类，彰显出文学史的道理与脉络。

10

如何对韩愈、柳宗元的成就进行排序?

传统上，说到古文的成就，说到唐宋文，必定是韩愈带头，柳宗元跟随其后。但到了近代，这样的排序引发了一些争议。开启其端的，是胡适对韩愈提出了强烈的批判。胡适特别有意见的，一是韩愈写《谏迎佛骨表》时那么有骨气，怎么被贬谪了之后，就驯服不再写这种抗议文章了?还有，韩愈写了《鳄鱼文》，还留下了因为这篇文章鳄鱼就跑光了的神话。这是愚民，不然就是提倡迷信，让崇信“赛先生”的胡适很受不了。

不过胡适还有从文学角度反对韩愈的更根本的理由，就是韩愈虽然有功于推翻四六骈俪之文，以古文代之，却为德不卒，他自己写诗常常爱用僻字险韵，阻碍了白话文的发展，违反了胡适所认定的文学进化原则。

相对地，胡适是比较欣赏柳宗元的，尤其是柳宗元的一些用字较为浅白的山水文章，以及充满了世俗趣味与世俗智慧的杂说。所以胡适主张柳宗元的地位应该高于韩愈。后来刘大杰写《中国文学发展史》，也认定柳的成就高于韩。韩愈的形象愈来愈差，“文以载道”的口号也触犯了新时代对于文学的浪漫主义理解，以至于还有人做文章考据说韩愈是得了花柳病去世的，引来韩愈的后人控告作者诽谤，成了一桩历史与法律莫名交错的奇案。

客观来看，韩愈文章的原创性与多元性，都超过柳宗元，不过柳宗元大部分文章的完成度高过韩愈。也就是韩愈胜在文章的不同流俗，柳宗元胜在文章的饱满紧实。至于考量对于后世的影响，那当然还是韩愈远超过柳宗元。韩愈写了两篇关键文章，对于宋代之后的中国思想动向产生了巨大作用。一篇是《原道》，另一篇是《师说》。

《原道》用唐朝的观念和语法，重讲了一次儒家的基本信念，说明了从儒家角度所信奉的终极原则到底是什么，而且明确地和当时流行的佛教、道教思想区别开来。文章阐述了关于“道”有几个重要的观念，如何理解，以及它们彼此之间的关系是什么。文章并不长，却有着既清晰又包容的理路。这是儒学（而非唐代流行考试用的经学）重振、复兴的第一声，开启了宋朝理学的开阔局面。

宋代理学是在佛教尤其禅宗的激烈冲击下，要重新解释人文秩序，彻底省思是非善恶的标准，而韩愈的文章最早指出了方向与道路，召唤了后来理学的思考方式，也设定了基本的议题。

《师说》则是重新定义也重新振兴了老师的地位与意义。中国历史上，老师这个角色经历了断层，从孔子开始一直到汉代的“经师”，老师的身份很清楚，地位也很崇高。但从魏晋南北朝到唐代，那样的老师基本上不见了。不只是像孔子那样的人师没有了，就连像郑玄、马融那样的经师也失传了。唐代经学中地位最高的文献，是孔颖达编的《五经正义》，却没有人会将孔颖达和郑玄、马融相提并论，老师的分量和角色基本上沉沦了。

就是靠着韩愈的《师说》，复兴了老师的角色。到了宋代，理学的兴起相当程度上就是靠向孙复等少数几位名师，他们同时也是大儒，老师成了文人文化中传承的枢纽。到了宋代，产生了一套关于老师的观念与论述，不只和书本、教育有关，在社会上老师的能见度与重要性也持续提高。这一切都源自韩愈，是韩愈开创的特殊的唐宋文化联结之处。

第十讲

藩镇的历史影响

01

唐代府兵制度的优势有哪些？

府兵制是在隋文帝时建立起来的，开皇年间，府兵制和均田制互相配合，形成了新帝国的骨干。不过隋末大乱，府兵制遭到了破坏，到了唐朝建立后，虽然很快恢复了府兵，但进行了一些重要的修改。

唐初的府兵制是将关中地区分成 11 个道，每个道设一个统帅加一个副统帅，负责那个地方的耕战，也就是平时安排农耕生产，战时动员组织成军事武力。

这必须从关中做起，因为府兵牵涉到户籍，列入府兵意味着可以分田，却在租庸调中属于“不课户”，不需要负担一般的租庸调。为什么那么好，可以有这种特殊待遇？因为府兵不只要上战场，而且要准备自己的武器装备，“不课户”的待遇是补偿他们在这方面的花费。唐高祖时，只能在关中地区恢复府兵，因为那里户籍制度比较健全，能够有效管理。

从关中逐渐扩展到全国各地，到了太宗贞观十年，府兵才又变成全国性的制度。全国一共开了556个折冲府。高祖设立的道被升级了，原来关中分11个道，这时候是全国才分为10个道，仍然统管府兵的耕战，但每个道负责的范围很大。道之下有折冲府，哪里有军事组织的需要，就在哪里开府，设一个折冲府。折冲府依照规模分三等，“上府”1200人，“中府”1000人，“下府”500人。

设一个上府，就是将附近20岁到60岁的男丁，从中挑选1200人列为府兵，同时他们也就在既有的租庸调户籍上成了“不课户”。如果只看表面，这项维持兵农合一、提供中央军事力量的制度很简单，也很完整。但细看就显现出很多没那么简单、没那么完整的问题来了。

首先，全国分为10个道，平均起来每个道应该有50多个折冲府，但实际上的分布不是这样。光是关内道就有273个折冲府，占了将近一半；加上河东道141个，河南道62个，这三个道占了折冲府的80%。

也就是说，贞观十年的这套制度，基本上仍然将府兵放在关中和邻近关中的地区，并没有真正推到全国各地去。理由是要有充分武力来卫护京畿，另外这个地区在行政上相对比较先进完备，授田也处理得比较好，有可以开府的条件。

还有一个国家财政上的理由也很重要，那就是一旦开府，部分丁男成了“不课户”，租庸调的收入必然减少。如果真的全国各地都开府，国家财政会承受很大的压力。

府兵制的好处是国家不养兵。这些人平常就是农户，在土地上耕种生产，养活自己，有事时转成部队，还带着自己准备的武器装备来报到。国家不耗费用养他们，也不用出钱储备武器，当然就必须用“不课户”的条件作为补偿。

《新唐书·兵志》中清楚地列出了府兵必须自备的物品，可不是拿一把刀、一杆枪加一个小圆锹就可以去打仗。府兵最小的单位是“火”，今天我们说的“伙伴”就是从这里来的，一个“火”是10个人。每一“火”要准备六匹驮马，还要准备乌布幕、铁马盂、布槽、锸、镢、凿、碓、筐、斧、钳、锯各一个，甲床二，镰刀两把。两个“火”构成一个“队”，“队”要负责准备火钻、胸马绳、首羁、足绊。每个府兵要自备弓和箭，要带各种工具和衣装：胡禄、横刀、砺石、大觿、毡帽，等等。还要有自己的粮食，报到时就要有麦饭九斗、米二斗。

这么多东西！所以算算就知道，这种“不课户”不见得比一般“课户”划算，而且没有“不课户”的优待，谁当得起府兵？

首都在关中，全国各地的资源会朝这里集中，所以这里多一点“不课户”还不会造成地区经济问题。但相对地却埋下了后来唐朝军事和财政运用上的根本困扰。

02

府兵制后来出现了哪些问题？

府兵制有很多好处。国家不用出钱养兵是其一。其二，兵源明确，都登记在户籍上，户籍又是靠授田建立起来的，有高度的稳定性。这种和土地联系在一起的兵不会逃，也不会捣蛋骚动，因为他们都还要回自己的土地去，有土地牵拉、限制着他们。

其三，这些都是国家的兵，可以将兵和将分离开来。管理和训练府兵的，是“折冲都尉”和他的副手“果毅都尉”，他们是隶属于折冲府的，府兵被动员去打仗或戍边时，他们是不会跟着去的。打仗或戍边是由朝廷派将领来统率的。如此，兵和将分开来，不会有将一直带着同一群兵，以至于变质成为“私兵”的问题。

府兵有三项明确的任务：宿卫、镇戍和征伐。不过府兵要承担的这三项功能在现实上是不平衡的。高度集中在关中地区的安排，使得宿卫很方便、很有效，相对地却使得派到边境去镇戍很不容易。唐朝初年这个问题不大，因为种种因素凑泊下，这是中国对外关系相对最好的时代。唐太宗成为“天可汗”，周遭其他民族都接受中国的超越地位，不会轻易挑战。

唐太宗在边界设了六个都护府，北境上由西到东分别是安西、北庭、燕然、单于、安东，南境上有安南。都护府就是镇戍的中心，由府兵来提供人力，保护国境不受侵扰。但很明显，从广设府兵开折冲府的地方，到这些都护府，路程遥远，燕然、单于还近一点，安西、安东、安南可就很难到了。尤其在兵农合一的情况下，来去要花这么多时间，怎么可能利用农闲时间服役呢?

要去戍边，就必然错过农时，影响农业生产，这是第一个问题。再来，到了那么远的地方，长途跋涉又没有人照顾，经常有病有死。负责都护府管理的人很快就发现，派来镇戍的府兵如果生病了，与其费力去救治，还不如让他们死。镇戍本来就是备边，对外关系稳定的年代，根本没有什么事，多一个少一个不碍事，而死在那里的人带去的财物就理所当然地被管理者接收了。

于是从不照顾、不救治又恶化为“虐戍”的风气，当地的管理者想方设法让来戍边的人回不去，变相抢夺他们的财物。这种事情又传回内地，大家逐渐视镇戍为畏途，能躲就躲，能逃就逃。“逃戍”就成了府兵制中大家争夺的特权，有办法的人都逃了，镇戍更进一步就由少数没办法、没资源的人来承担。他们一到都护府，往往就等不到来接替的人，三年五年都回不来，镇戍有去无回的情况更加严重了。

逃戍先是破坏了原本公平的动员安排，接着连带破坏了户籍制度，再下来，甚至就有人为了逃戍干脆搬到没有折冲府的地方去。以至于哪里有折冲府，哪里的男丁就大量减少，有的是规避户籍登录，有的真的迁徙远走了，于是尽管折冲府数量没有减少，能征到的兵却不断减少。

03

从白居易的《新丰折臂翁》看府兵制的崩坏

到了唐玄宗时，原先的都护府改成了节度使。名称中的关键在于“府”字不见了。边境上的武备这时已经和府兵脱离开来了，由特任的人员来“节度”，也就是视情况调度。这本来是一时权宜安排，就是因为府兵不再能支应镇戍的人力需要，不得不想另外的方法。

节度使是朝廷承认府兵无法支应戍边需求，授权一个人在当地募兵，也就是让这里的兵脱离了原来兵农合一的制度，另行处理。不是兵农合一，边境无法耕种生产，就需要养兵的经费，从哪里来？从朝廷赋予节度使的特殊财税权力，将本来该交付中央的资源留在当地来募兵养兵。

之所以会出现节度使，一方面是必须面对府兵制的严重限制，另一方面源自大唐对外关系的改变。都护府可以应付承平时期，但后来西南有吐蕃，北方有回纥和突厥，这三股力量都愈来愈大，和大唐的关系也愈来愈紧张。原本设立都护府的一些关键位置现在不只有镇戍的需求了，还升高为抵挡攻击乃至出战征伐的程度。

从唐高宗开始就有节度使，其数量及管辖范围不断增长，相对地，原来的府兵功能节节退化。在文学史上留下了一篇作品，可以让我们清楚地看出府兵制的崩坏时间点。那是白居易的《新丰折臂翁》，文字极其明快浅白的一首诗：

新丰老翁八十八，头鬓眉须皆似雪。玄孙扶向店前行，左臂凭肩右臂折。问翁臂折来几年，兼问致折何因缘。翁云贯属新丰县，生逢圣代无征战。惯听梨园歌管声，不识旗枪与弓箭。无何天宝大征兵，户有三丁点一丁。点得驱将何处去？五月万里云南行。闻道云南有泸水，椒花落时瘴烟起。大军徒涉水如汤，未过十人二三死。……

诗中描述遇到了一个 88 岁的长寿老人家，由第五代的玄孙扶着，不过老人家的手臂怪怪的，右手挂着的是只断臂，引发了作者的好奇心，问老人家什么时候、什么原因断臂的？

老人家回顾，小时候过太平日子，在时代风气影响下，爱听音乐爱看戏，从来不知道要耍枪弄剑，但到了玄宗天宝年间，却被征兵了，家里三个男丁就要有一个去当兵。征调了之后去哪里呢？花五个月时间远行去万里之外可怕的云南啊！光是泸水的传说就够吓人了，一定的季节会有浓厚的瘴疠之气笼罩。大军渡过泸水，还没过完就先折损十之二三了。听说要去的云南那么可怕，乡里间的反应是：

村南村北哭声哀，儿别爷娘夫别妻。皆云前后征蛮者，千万人行无一回。是时翁年二十四，兵部牒中有名字。夜深不敢使人知，偷将大石捶折臂。张弓簸旗俱不堪，从兹始免征云南。……

全村都是哀号声啊，儿子告别爸妈，丈夫告别妻子，只要是被调去云南打仗的，几千人去了没有一个回来的。这位老人家被征兵那年24岁，当知道兵部的名单上有自己，就做了一个决定，在深夜偷偷拿大石头把自己的右臂硬是敲断了。从此之后，右臂使不来，既没办法拉弓，也没办法举旗子，到部队里什么用都没有，是个废人，因此才不用去云南。

骨碎筋伤非不苦，且图拣退归乡土。此臂折来六十年，一肢虽废一身全。至今风雨阴寒夜，直到天明痛不眠。痛不眠，终不悔，且喜老身今独在。不然当时泸水头，身死魂孤骨不收。应作云南望乡鬼，万人冢上哭呦呦。老人言，君听取。君不闻开元宰相宋开府，不赏边功防黩武。又不闻天宝宰相杨国忠，欲求恩幸立边功。边功未立生人怨，请问新丰折臂翁。

用石头砸自己手臂，连骨头都碎了，怎么能不痛呢？但因此才能回乡，不必出征。过了60年四肢少一肢的生活，每到下雨或天冷时，断臂就会痛到无法入睡的地步。但是再怎么痛都是值得的，不会后悔自残的行为，只有这样才能只剩自己还活着，要不然当年就死在云南泸水了，连尸骨都无法还乡，化成万人冢上不断哭号的望乡鬼。

年轻人，要记得老人说的，时代的关键转折处就在从开元到天宝这几年。宋璟当宰相时，避免奖励在边境上立功的人，为了防止武人为了贪功而轻起冲突，但到了杨国忠当宰相，就彻底变了，用边境上的胜利来讨好皇帝。如果要知道这种做法产生的效果，就问新丰折臂翁吧！

04

边事依赖节度使埋下隐患

这件事的来龙去脉是开元年间吐蕃和当时的云南太守有嫌隙，于是造反出兵，玄宗就要杨国忠担任安南节度使去处理。杨国忠到了那里，担心光靠附近征兵不足以取胜，就向玄宗谎报已经打了胜仗，但若要乘胜追击一劳永逸，军队力量不够，于是皇帝答应“天下大征”来支应云南战事。“大征”征的就是府兵，10 万人前往南诏，到达之前就先折损了近半，到达之后又打了一场败仗。

诗中记录的，是最后一次通过折冲府动员。这次教训如此惨痛，导致后来折冲府再也动员不到要去征伐的兵力了。大约在天宝十年，府兵制实质上瓦解了，“新丰折臂翁”靠自残躲避征兵，后来更多人是靠脚，有征兵令来宁可逃离家乡。

府兵瓦解了，边防只能靠节度使，节度使愈发重要了。而且在运用节度使上，援引了过去的传统，将较早进入中国、依附唐朝的胡人来作为缓冲，对抗更后面新兴的胡人势力。北方柔然兴起，形成了巨大威胁，便优先任用边境上生活的胡人来构成防线。

史书中描述安禄山是“营下杂胡”，也就是已经从草原地带进入农业区的人。府兵没有作用了，节度使要在地方上募兵，这种身份的人出面容易招募到和他同样的“杂胡”来当兵。这种地方上募来的兵，叫作“方镇兵”，又叫“藩镇兵”。重点都在“镇”，“镇”是特殊的军事单位。“方镇”指的是这些“镇”分布在边境各方，“藩镇”指的是这些“镇”各有其统辖的区域、范围。

府兵瓦解了，不只是边境必须募兵，到后来连关中京畿的防卫也转而必须靠募兵。中央朝廷募的兵，相对叫作“彍骑”。但很快地，彍骑与方镇兵的规模有了愈来愈大的差距。到“安史之乱”（755 年）爆发前，大唐帝国全部兵力 57 万人，其中彍骑只占了 8 万，其他全是方镇兵。

这样的不均衡分配早已预伏危机，更不寻常的是安禄山一个人竟然兼任范阳、平卢、河东三个节度使。范阳节度使拥兵 9.1 万人，光是这一个地方的兵力就已经超过了彍骑，更何况还有河东节度使控有的 5.5 万兵力，以及平卢节度使的 3.75 万人。

这是安禄山格外受宠的惊人安排，让他手握这么庞大的兵力，要叫他不受诱惑将兵力用在备边之外的其他地方，说实话也很难吧！安禄山会反，最根本的原因在于方镇兵快速膨胀，这些节度使都清楚：自己所掌握的兵力已经远超过保护大唐天子的彍骑了。

安禄山一反，很快地长安就沦陷了。玄宗只好逃到四川去，在这过程中经历路上绝粮，再下来“六军不发无奈何”，杨国忠被军队分尸了，皇帝只好下令赐死杨贵妃。玄宗落魄一身，同时太子走相反方向，往北到了灵武，在玄宗自己不知道的情况下，被踢上去成了太上皇，由太子即位。玄宗无可奈何，不想接受也得接受。

到这个时候，我们印象中的那个大一统的大唐帝国实质上已经结束了。看看大唐帝国的首都，号称当时全世界最繁华的城市长安，从 755 年到 783 年，不到 30 年的时间里，竟然三度陷落。第一次是安禄山的军队攻进来，第二次沦陷于吐蕃军队，第三次是落入泾原镇哗变士兵手中。

这 20 多年间，从玄宗、肃宗、代宗到德宗，都在变乱中惶惶不可终日。与之前的汉帝国相比，唐帝国从此时就没有了自己的武力，中央朝廷的军队远远比不上各藩镇拥有的。但唐朝到底还是延续下来了，“安史之乱”总算是平定了，那么关键的历史问题在于：“安史之乱”是如何平定的？没有了武力的中央朝廷是如何维持下来的？

05

“安史之乱”是如何平定的?

“安史之乱”不是靠大唐帝国军队平定的，郭子仪、仆固怀恩这些名将也是用类似节度使的方式去募集、建立军队的，朝廷给了他们一块地盘，授权他们运用那里的资源来募兵，以便阻挡、攻击叛军。因为是在分配给自己的地盘上建立的军队，他们有高度的动机来对抗外来的军队，但也因为如此，他们没有那么高的动机移动到远方出击。

不管是朝廷这边的军队，还是叛军那边，都带有“私兵”的性质，在自己的地盘上能够将外来的势力驱赶出去，等到坐大到一定程度，离开地盘去打别人就常常打败仗，如此攻防拉锯。奉大唐天子号令在当时相对仍然比较好募集军队，然后再来想办法“招降纳叛”。真实状况就是动乱地区不断进行合纵连横，军队不断换边对抗。

那样的局势并不是郭子仪、仆固怀恩带领了完整的部队，一路征伐叛军，而是存在许多各有兵力的节度史，几个效忠朝廷，几个和安、史结盟，随着战况发展，两边阵营都不断变换着。

对于大唐朝廷来说，比较幸运的是从安禄山到史思明、史朝义，一直没有建立起明确的制度，因而他们阵营的内讧比朝廷这边严重。安禄山和史思明都是被自己的部将所杀的，混乱中也就有愈来愈多的人转而带着部队投靠朝廷。在稳定性的竞争中，朝廷赢了。

这也就决定了平乱后帝国的状况。曾经跟随安禄山、史思明的四个将领，在乱后领有四个势力庞大的藩镇：相卫镇的薛嵩，幽州镇的李怀仙，魏州镇的田承嗣和恒州镇的张忠志。他们四人带着军队反过来有助于朝廷获胜，也因此他们这四大镇基本上只是宣示效忠朝廷，实质上并不受中央节制。他们取得了在自己的地盘上做主的自由，以此为条件来帮助朝廷。朝廷得到了面子，必须以权力和资源的里子作为交换代价。

具有高度历史象征意义的是发生在758年的邺城之战。这场战役中，朝廷官军汇集了九大节度使，由宦官鱼朝恩督军，围攻安禄山死后带领叛军的安庆绪，将他困在邺城。当时双方兵力不相称，朝廷这边比安庆绪那边强大得多，安庆绪急忙向史思明求援，最后战役的结果却是官军大败，史思明趁乱杀了安庆绪，从此结束了“安史之乱”属于安禄山、安庆绪安家的前段，开启了属于史思明、史朝义史家的后段。

一般传统说法，鱼朝恩要为战败负很大责任，他不懂军事，却要九大节度使接受他的命令。不过如果深入一点看，我们会明白真正的关键是在这里根本不存在一支中央部队，而是由隶属于九大节度使的兵力联合行动。尤其是九个节度使中包括了郭子仪和李光弼，这两个节度使势力相当、地位相当，给朝廷带来了大难题。让郭子仪当统帅，李光弼一定不服；反过来让李光弼当统帅，郭子仪也一定不服。所以只好派了皇帝最信任，而且和九大节度使都保持等距关系的一个宦官去处理这个场面。

郭子仪叫不动李光弼的军队，李光弼也叫不动郭子仪的军队，最终则是九大节度使谁也不会真心愿意听鱼朝恩的调度，这样的仗怎么打得赢？再看最后决定战局胜负的史思明。他在邺城之战不到一年前，曾经投降朝廷，立刻被封为范阳节度使，后来又转而叛离，他其实也很有可能加入官军这边一起去打安庆绪啊！如此，我们也就明白了，节度使将军队私有化，朝廷不再能控有军队，是“安史之乱”在历史上产生的最大变化。

06

“安史之乱”后各地遍置节度使，藩镇势力更加强大

“安史之乱”后，情况其实变得更严重。原先藩镇主要在边境上，因应边防需要，所以管控赋税，建立自己的军队。“安史之乱”后这些藩镇都没有收归中央，进而在府兵无法恢复的情况下，朝廷就将节度使设立为新的地方制度，也就是在非边境地区也广设节度使。只要认定有军事需求之处，就设立一个节度使，朝向地方分权发展。节度使就变成了一个个地方独立自主的单位，所占的区域范围愈来愈广。

“安史之乱”后，产生了“道”这个单位，原本的州县二级制变成了道州县三级制。主要是朝廷的能力大幅下降，不再有能力一一管控那么多的州，从州的层级去管理县。于是多设了道，任命“道观察使”，由道来管州，再由州来管县。这是中央管辖上的

一种妥协、退让。

“道观察使”理论上是民政官职，但现实上几乎所有的观察使都兼任节度使，民政与军政重叠。如此，在历史理解上经常造成混淆，“安史之乱”后，唐朝的节度使有两种不同的性质。一种是原本边境留下来的节度使，他们蜕化为藩镇，拥有自己的军队，也有自己的赋税财政收入，基本上不受朝廷节制，只在形式上表现效忠朝廷。

另外，与边境藩镇相邻的，有一种由中央派任的节度使，也就是各道的长官，但除了观察使外又加了节度使的头衔。那是因为节度使听起来权力比较大，所以各道长官都希望除了观察使还加码节度使，到后来就几乎成了惯例，观察使同时也有节度使头衔。这种节度使是不能自主处理税赋和军事的，属于由朝廷控制的地方制度的一环。

前一种节度使，经过了好几个皇帝，都没有办法将他们置于朝廷控制之下，一直维持着实质独立的局面。后一种节度使，随着时间推移，有一部分也逐渐坐大，朝前一种节度使看齐。藩镇的独立性最清楚地显现在节度使的继任方式上。既有的节度使朝廷是动不了的，毫无疑问，他们几乎都在任上当到死，那么等他们死了怎么办?

第一种方式是“袭”，就是由弟弟或儿子来继承，向朝廷通报，朝廷承认。第二种是“拥立”，像平卢节度使王志玄死了，他的一个部将李怀玉拥立了侯希逸继任，也是向朝廷通报，朝廷不得不承认。侯希逸原本先当平卢军史，他动员了平卢的兵力，进入淄州和青州，占住了这两个地方。这两个地方原本属于中央节度使的管辖范围，但不敌平卢的 2 万兵力突袭，朝廷面对这种状况也无可奈何，只得让侯希逸担任“平卢淄青节度使”。

藩镇表面上仍是由朝廷任命的，但中央没有真正决定人选的权力，只能针对当地已经做好的安排予以承认。还不只如此，有时藩镇以武力扩张势力，有时也会因为武力不足而被别的强藩侵犯，基本上朝廷也都一概予以承认。这是中唐以降现实的政治状况，在中央之外，环绕着许多藩镇，而且藩镇的势力范围会不断变动。

德宗刚即位时，曾经试图打破这种局面。成德节度使李宝臣去世，由他的儿子李惟岳继承他的职位，报到朝廷，德宗皇帝却不同意，于是李惟岳就反了。德宗派了淮西节度使李希烈去讨伐李惟岳，在此过程中牵动了附近的其他大藩。到建中三年（782 年），四个大藩以称王的方式，表现出不接受德宗的强势作风。朱滔、田悦、王武俊和李纳分别自称冀王、魏王、赵王、齐王，但仍然奉唐德宗的年号，也就同时预留了和朝廷和解的后路。另外，更重要的是，他们以此姿态显示他们认同的政治结构不是秦汉以来的帝国，而是周代的封建，唐德宗是天子，他们是诸侯，他们愿意奉德宗为共主，却绝对不能接受德宗干预他们藩内的继承事务。

如果皇帝不承认藩镇既有的权力，他们控有随时可以威胁皇帝的军队，一旦叛乱，局面难以收拾。几个强藩不只自己称王，还打算拥立李希烈，最终成功怂恿了泾原镇的军队倒戈，在 783 年攻进长安，造成前面提到的长安第三次陷落，德宗仓皇出亡。

后来在陆贽的建议下，德宗下诏罪己，才让情况稳定下来。局面能稳定，终究还是要靠藩镇间彼此牵制，于是藩镇的势力更大，朝廷更不可能规范藩镇了。

07

天下分裂状态的形成

《旧唐书》中说郭子仪："权倾天下而朝不忌，功盖一代而主不疑，侈穷人欲而君子不之罪。"明白地说他"权倾天下""功盖一代""侈穷人欲"，这都源自他握有自己的军队，拥有巨大的权力。但郭子仪和其他人最大的不同之处，之所以能"朝不忌""主不疑""君子不之罪"，是因为他做足了所有对朝廷效忠的外在仪式，甚至愿意接受朝廷将他的节度使头衔拿掉。实际上他从来没有真正失去对兵权的掌握，也就不可能真的失去朝廷和皇帝对他的依赖。

唐朝历史上有所谓的"宪宗中兴"，主要指的就是中央和藩镇的关系，皇帝强悍起来，整肃了好几个强大的藩镇，在管控节度使上远胜前面几个皇帝。的确，宪宗朝没有出现像德宗时的动乱，没有让任何一个强藩挑战朝廷权力，不过毕竟他采用的方式，仍然是以能指挥动的节度使去对抗、收拾有问题的节度使；拉拢大的节度使来处理实力小一点的节度使；或是联合多数节度使来对付单一、少数的节度使。这种手腕上的成功，并没有改变藩镇的基本架构。

历史上一般将汉唐并称，然而理解了中唐以后的政治局势，相较之下，会更惊讶于汉帝国的早熟。之前说过，“早熟”指的是在各种相关统治基础与组织技术都尚未具备的条件下，竟然就在中国出现了如此庞大的帝国。汉朝的中央官僚体制，国家对于地方的掌控，还有军事秩序，在这几个关键领域，都比唐朝好得多。

唐朝的实际状况，和后世所赋予的帝国历史地位及想象，并不相符。唐朝大部分时候，中央朝廷很弱，武人很多，军队很多，但朝廷能够直接支使的却很少。只有在朝代前期，才有中央可以掌握兵制和军队的短暂时期。从 755 年之后，绝大部分时间里，唐朝的国土是分裂的，只是分裂没有公开化，继续套用大一统帝国的表面制度与名称。另外就是没有形成朝代递换，虽然几度风雨飘摇，但一直都有李姓的唐朝皇帝延续着。这些实质独立或半独立的藩镇，即使是朱滔他们，也只是称王，没有将大唐取而代之。

中古历史的特性之一，是朝代观相对薄弱。所谓朝代最核心的观念，是认定有一个中央的权力会一直不断地延续下去，不会改变，这是纵轴上的时间观。朝代还有空间观，认定了“普天之下，莫非王土”，要将这份中央的统治权力尽量扩张到所知最广远的区域去，至少是扩张到文明领域的边界。

“十国”的存在方式就是违背朝代原则的。它们不隶属于一个中央朝廷，以分裂的形式存在着。“十国”源自唐朝的藩镇，藩镇也只是形式上隶属于中央，唐朝并没有积极地取消藩镇的地方独立性。不像之前的汉朝，从汉高祖一直到汉武帝，努力地取消了封国，将统治权都收束到中央朝廷来，那是典型的朝代建构。或是后来到了明代，从朱元璋到朱棣，非常积极、坚持地要统一全国，不只要降伏每一个“国”，而且要确保不让任何武将独立运用兵权。那是朝代原则的重建。

唐太宗成为“天可汗”，从一个角度看，是取得了协调这些外围部族关系的地位，但从另一个角度看，也是承认了天下之大，有不属于皇帝统治范围的地区，要采取不同的关系模式，这也是对于原本朝代观的一种退让。

唐朝的一些强藩，的确像是返回了周代的封国，拥有自己的军事和财政权力，和中央分庭抗礼。这样的局面导致了后来五代十国的变化。历史上分称“五代”和“十国”，“五代”是朝代，“十国”是地方政权，有朝代的同时又有地方政权，这样的情况不是到了唐朝灭亡才出现的，可以上溯到中唐，朝廷归朝廷，朝廷之外存在着许多独立的地方政权，只是这个中央朝廷维系得好一点、久一点，不像后梁、后唐、后汉、后晋、后周在乱局中快速兴灭。

唐朝虽然不像汉朝分为前汉、后汉，表面上看起来一直延续了将近 300 年，但内在以几乎覆灭唐朝的“安史之乱”为分界线，之前和之后的情况其实“判若两朝”。从实际政治局面和架构看，之后的唐朝比较类似五代十国，差别只在那些强藩没有取得明确的国名，朝廷和地方政权共存分据的情况反倒是延续而非断裂的。

将近300年的唐朝，从中唐之后，朝廷能管辖的范围其实一直在改变。到五代，五个王朝的统治疆域都有很大的变化，很难说是真正的中央政府，毋宁说只是政权前后相衔，有其连续性，才变成了朝代。相对应地，是有很大的区域不在这五个朝代控制之内，形成了所谓的十国。从一个角度看，十国是分裂的，但换从另一个角度看，十国的状况比五代来得稳定。它们存在的时间不只长于五代的任何一代，甚至有的比五代加起来还要长。

这就造成了历史观点上的困扰。正史是以五代为主轴来描述、记录历史的，相对轻忽十国，但回到那个时间点上，其实谁也无法确定接下来的历史是会由统一的朝代延续，还是产生长期分裂的局面。五代并非必然就比十国重要，将眼光放在五代上是看不到当时历史的复杂全貌的。

08

“中古”历史特性：中央朝廷没有那么高的控制度

宋朝建立不只结束了五代十国，也结束了中国历史的中古时期。中古的共同特性就在于中央朝廷没有那么高度的控制力，即使唐朝也如此。中央不强，相对地，分裂的倾向就比较大。北宋之后的近世阶段，中央朝廷的重要性重新压过了地方。

唐朝不是一个统一帝国吗？是，但其统一的程度不高，很多时候地方都有很大的自主性。反过来，宋代不是积弱不振，以至于从北宋变成南宋，北方沦陷，成了分裂的局面吗？是，但我们不能忽略在宋朝统治的范围内，是严格的中央集权状态，而且社会上有着对于中央高度的认同与效忠。宋代绝对不可能容许出现武人在地方上侵犯朝廷权力的情况。相对地，唐代从朝廷到藩镇都没有一种需要建立中心去统一所有地区的强烈冲动，大家都能接受独立的地方分权现实。

宋朝建立的最大意义之一，就在于彻底取消了武人据地为王的情况，甚至釜底抽薪，取消了这种情况出现的根本条件，也就是结束了中古的地方分权倾向，重建了大一统中央集权的信念与原则。

信念原则不见得必然产生事实，然而在信念原则层次宋代明显和唐代不同，这个历史分野值得我们特别留意。

唐朝建立了科举，由宋朝继承。科举是中央人才晋用机制，关键作用在于打破了原本世族对于人才的垄断，可是从中唐之后，科举及其相关的机制，也就因为地方势力兴起，不得不从藩镇控制的区域撤退。所以虽然同样是科举，宋代科举的影响力远超过唐代。宋代科举不只覆盖了全国所有地区，而且衍生出整套近世中国文人文化。

新的一统架构下，地方分立的障碍取消了，宋代得以建立起城市商业网络，促进了繁荣的贸易发展，创造了富裕的城市生活。这样的环境又使文人在官场政治追求之外，有了琴棋书画等明确的文化身份，衍生出音乐、书法、美术等高度成就。